统计学入门

离真实世界更近的91个统计思维

田霞 著

中国纺织出版社有限公司

内 容 提 要

吸烟容易患肺癌，男性色盲患者多于女性色盲患者，个子越高鞋码越大……每个人都会在日常生活中学习到一些统计常识，但是这些常识一定是对的吗？常识背后蕴含的数学逻辑是什么？

本书以案例的形式讲述生活中的统计问题，主要介绍统计学的各种解决问题的方法，如参数估计、假设检验、方差分析、回归分析和聚类分析等。部分内容以故事连载的方式，引入案例、分析案例，介绍统计原理，给出解决方案。然后给出其他案例，巩固练习，最后给出使用 Excel 的数据分析功能解决该类统计问题的步骤。案例内容通俗易懂，贴近日常生活，解决方法也尽可能的简单，数学基础知识薄弱的读者也可以学到统计知识。

图书在版编目（CIP）数据

统计学入门：离真实世界更近的 91 个统计思维/田霞著. -- 北京：中国纺织出版社有限公司，2022.9（2024.12重印）
　ISBN 978-7-5180-9640-4

　Ⅰ. ①统… Ⅱ. ①田… Ⅲ. ①统计学—普及读物
Ⅳ. ①C8-49

中国版本图书馆 CIP 数据核字（2022）第 112106 号

责任编辑：郝珊珊　　责任校对：高　涵　　责任印制：储志伟

中国纺织出版社有限公司出版发行
地址：北京市朝阳区百子湾东里 A407 号楼　邮政编码：100124
销售电话：010—67004422　传真：010—87155801
http://www.c-textilep.com
中国纺织出版社天猫旗舰店
官方微博 http://weibo.com/2119887771
天津千鹤文化传播有限公司印刷　各地新华书店经销
2022 年 9 月第 1 版　　2024 年 12 月第 4 次印刷
开本：880×1230　1/32　印张：7.5
字数：268 千字　定价：58.00 元

前言

　　我们生活中充满了各种数据。比如，某个城市出现了疫情，我们就会在网上看到确诊病例和无症状病例的行程轨迹、有多少密接和次密接的人被集中隔离等。在网上，我们会看到某城市或某省的平均工资，会看到他人购买后的评价等信息。某网站的点击量、在网页上的逗留时间这些都是数据。那么这些数据服从什么样的分布，有怎样的特点呢？在大数据时代，数据浩如烟海。如何从大量的数据中找出规律呢？这就需要统计的知识。统计和日常生活息息相关，我们可以使用统计的知识去理解和解决问题。本书通过案例的方式来讲述相关的统计知识。

　　第一篇"概率基础与正态分布"先研究了先下手为强这个案例，利用独立性解决了几个问题，然后研究品牌的效应问题，最后讲述了神奇的数字 37% 的来由。如果你有选择困难症，不妨看看。

　　第二篇"统计基础"首先给出了数据的分类，然后针对数理统计的"部分推断总体"的特点，为了使抽取的样本具有代表性，而不会出现幸存者偏差这类错误，给出四种抽样方法：简单随机抽样、分层抽样、整群抽样和等距抽样。不要小瞧抽样方法，它对做出正确的决策来说是至关重要的；如果数据选得不合适，给出的结论一般也是不正确的。美国历史上就曾经发生了杂志社为了预测总统的选举问题进行民意调查，但是因为选取的样本不具有代表性，花费了大量的人力、物力，却做出错误的预测，导致杂志社关门停刊的事情。最后介绍了常见的统计量，如样本均值、中位数、极差、样本方差、标准差和四分位数等。图形可以展示数据的形态特点，"描述性统计"部分还给出了箱线图、茎叶图和直方图的画法。

第三篇"统计进阶"包括参数估计、假设检验、非参数假设检验、方差分析、回归分析和聚类分析等内容。

"参数估计"中给出基金收益率的矩估计、电动汽车的续航里程的区间估计、语音输入鼠标的识别正确率的区间估计。

"假设检验"部分首先使用"二战"时期的统计学家研究面包重量的问题介绍进行假设检验需要的步骤，指出两类错误，并利用 Z 检验和 t 检验解决该问题。然后使用 Z 检验解决纸箱用纸厚度、降糖药重量和紫外线杀菌灯的寿命是否满足标准等问题；利用 t 检验解决安眠药的治愈率问题、饲料养鸡问题、饮料的容量、主动吸烟和被动吸烟有无区别，以及哪个危害性更大等问题。利用卡方检验解决手机电池的寿命、机床的精度等问题。利用 F 检验解决主动吸烟和被动吸烟的区别、哪个牛奶厂的牛奶更好等问题。

"非参数假设检验"部分介绍了三种检验：卡方拟合优度检验、列联表的独立性检验和秩和检验。使用独立性检验研究吸烟和肺癌的关系、色盲和性别的关系等案例。使用秩和检验解决母亲的吸烟量对新生儿体重的影响等问题。

使用故事连载的方式给出如何使用单因素方差分析解决饲料养鸡的增肥效果和包装的不同对销量的影响等问题。使用一元线性回归分析的方法解释足长和身高的关系以及广告投入和销量的关系。

俗话说"物以类聚"，如何进行聚类？这就是聚类分析解决的问题。聚类分析是由系统自己聚类，我们只给定聚类的方法，聚类完成后解释分类的标准，而常见的分类是需要事先指定分类的标准。对学生的学习态度和学习效果、电视剧进行聚类。

本书还介绍了使用 Excel 进行假设检验的步骤。使用 Excel 的数据分析功能还可以解决单因素方差分析和回归分析等问题。

作者从事概率论与数理统计方面的教学和科研工作长达 17 年，具有丰富的概率论与数理统计的教学经验。编写案例尽量做到由简到难、通俗易懂，既保证有趣，又保证实用。读完这些案例，相信读者可以学会使用统计的知识去理解和解决问题。同时在此感谢中国纺织出版社的郝珊珊编辑，非常感谢她在这本书的编写过程中给予的大力支持和帮助。

田霞
2022 年 4 月

目录

第一篇　概率基础与正态分布

第一部分　概率基础

预备知识

1. 独立性

（ⅰ）若事件 A 和 B 没有关系，称为独立，用数学的语言描述为 $P(AB)=P(A)P(B)$。只要满足这个式子，则 A 和 B 独立。

（ⅱ）若事件 A,B,C 独立，则三个事件至少有一个发生的概率为 $P(A\cup B\cup C)=1-[1-P(A)][1-P(B)][1-P(C)]$。

2. 组合

从 n 个不同的元素中任取 m 个，不考虑次序问题，不同的取法有 C_n^m 种，其中 $C_n^m=\dfrac{n!}{m!(n-m)!}$。

3. 全概率公式

若① $A_1,A_2,\cdots,A_n$ 为样本空间 Ω 的一个分割，即满足 $A_1,A_2,\cdots,A_n$ 两两互不相容（没有交集）且 $A_1\cup A_2\cup\cdots\cup A_n=\Omega$

② $P(A_i)>0,i=1,2,\cdots,n$

则有 $P(B)=\displaystyle\sum_{i=1}^{n}P(A_i)P(B\mid A_i)$。

当 $n=2$ 时，有 $P(B)=P(A)P(B\mid A)+P(\overline{A})P(B\mid\overline{A})$。

4.数学期望和方差

设离散型随机变量 X 的分布律为：$P(X = x_n) = p_n, n = 1,$ $2, \cdots$，如果级数 $\sum_n x_n p_n$ 绝对收敛，则称该级数为 X 的数学期望，记作 $E(X)$，即 $E(X) = \sum_n x_n p_n$。

设 X 是一个随机变量，若 $E[X - E(X)]^2$ 存在，则称 $E[X - E(X)]^2$ 为 X 的方差，记为 $D(X)$，即 $D(X) = E[X - E(X)]^2 = E(X^2) - E^2(X)$。

5.二项分布

若随机变量 X 的分布律为 $P(X = k) = C_n^k p^k (1 - p)^{n-k}$（ $k = 0, 1, 2, \cdots, n$ ），则称 X 服从参数为 n, p 的二项分布，记为 $X \sim b(n, p)$。

二项分布的判定：先考虑一次试验时，结果只有两种：事件 A 发生和 A 不发生，A 发生的概率为 p，将该试验独立重复地进行 n 次，则 n 次试验中事件 A 发生的次数服从二项分布。

如果试验次数 $n = 1$，二项分布就是 0—1 分布，其期望和方差为 p 和 $p(1 - p)$。

6.泊松分布

若随机变量 X 的可能取值为 $0, 1, 2, \cdots, k, \cdots$，且 $P(X = k) = \frac{\lambda^k}{k!} e^{-\lambda}$（ $\lambda > 0, k = 1, 2, \cdots$ ），则称 X 服从参数为 λ 的泊松分布，记为 $X \sim P(\lambda)$，其期望和方差都为 λ。

泊松分布指的是单位时间内事件发生的次数。比如，某十字路口一个小时内发生交通事故的次数。

01　先下手为强

甲、乙两射手轮流对同一目标进行射击，谁先击中则得胜。每次射击中，甲、乙命中目标的概率分别为 0.4 和 0.6，甲先射，求甲得胜的概率。

❖ 关键词：独立性

甲得胜意味着有可能甲在第一轮中得胜，也可能在第二、第三、第四……轮中得胜。

若甲在第一轮中得胜，则甲第一次射击就击中目标，概率为 0.4。

甲击中

若甲在第二轮中得胜，则甲在第一轮中没有击中目标，乙也没有击中。甲在第二轮击中目标，所以甲得胜的概率为 $0.6 \times 0.4 \times 0.4 = 0.24 \times 0.4 = 0.096$。

甲未击中　　乙未击中　　甲击中

若甲在第三轮中得胜，则甲在第一轮中没有击中目标，乙也没有击中。甲在第二轮中没有击中目标，乙也没有击中目标。甲在第三轮中击中目标，所以甲得胜的概率为 $0.6 \times 0.4 \times 0.6 \times 0.4 \times 0.4 = 0.24^2 \times 0.4 = 0.02304$。

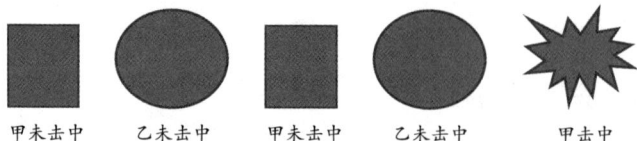

甲未击中　　乙未击中　　甲未击中　　乙未击中　　甲击中

前三轮甲得胜的概率为 $0.4 + 0.096 + 0.02304 = 0.51904$。

若比赛继续进行下去,甲得胜的概率总会大于或等于 0.51904。

这个案例说明先手的重要性,尽管甲单次命中目标的概率为 0.4,但是因为他先射击,所以最后甲得胜的概率大于 0.5。如果想做什么事情,只要考虑清楚,有具体的思路,就要先下手为强,一直旁观犹豫,是不可能取得胜利的。

02　什么样的扑克牌是独立的

从一副去掉大小王的扑克牌中任取 1 张,以 A 记事件"取到黑桃",以 B 记事件"取到 3",考虑 A,B 是否独立。

◆关键词：独立性

事件 A 表示取到黑桃,事件 B 表示取到的是 3,则 A 与 B 的交集 AB 表示取的是黑桃 3。那么这两个事件 A 和 B 有没有关系呢?

先求事件 A 的概率。去掉大小王后的扑克牌有 52 张,其中黑桃有 13 张,所以取到黑桃的概率为 13/52,即 $P(A) = 13/52$。再考虑事件 B 的概率。总共 52 张扑克牌,印有数字 3 的牌共 4 张,则取到数字 3 的概率为 4/52,即 $P(B) = 4/52$。最后求事件 AB 的概率。黑桃 3 有 1 张,所以取到黑桃 3 的概率为 1/52,即 $P(AB) = 1/52$。

此时 AB 的概率等于 A 的概率与 B 的概率的乘积,即 $P(AB) = P(A) P(B)$,满足独立的定义,所以 A 与 B 独立,即事件 A 和 B 毫无关系。

03　破译密码

CTF(Capture The Flag)中文一般译作夺旗赛,在网络安全领域中指的是网络安全技术人员之间进行技术竞技的一种比赛形式。CTF 起源于 1996 年 DEFCON 全球黑客大会,以代替之前黑客们通过互相发起真实攻击进行技术比拼的方式,已经成为全球范围网络安全圈流行的竞赛形式。2013 年,全球举办了超过五十场国际性 CTF 赛事。

有三位同学甲、乙、丙想参加 CTF 比赛,为了能在比赛中拿到名次,做些适当的练习是必要的。三个人找到一道古典密码的题目,题目为:

密文内容如下:｛79 67 85 123 67 70 84 69 76 88 79 85 89 68 69 67 84 78 71 65 72 79 72 82 78 70 73 69 78 77 125 73 79 84 65｝,请将其解密。

因为是练习,三个人便约定分开研究该题目,约定时间为一个小时,看谁能解密成功。

假设甲、乙、丙能破译该密码的概率分别为 1/3,1/4,1/5,则这三位同学能破译密码的概率为多少?

▶关键词：独立性

三个人分开破译密码，每个人能否破译密码是独立的。密码能被破译，有可能是三个人中的一个成功破译密码，也有可能是三个人中的两个成功破译密码，也可能三个人都成功破译密码。总之，只要三个人中至少有一个能成功破译密码，则该密码就可以被破译。由预备知识中的独立性公式，三个人能破译密码的概率为

$1 - (1 - 1/3)(1 - 1/4)(1 - 1/5) = 3/5$。

三个人都参与破译密码，成功的概率要大于单个人成功的概率，这就是人多力量大。

04 逆向思维的重要性

口袋中有 9 个黑球、1 个白球，每次从口袋中随机地摸出一球，并换入一只黑球，求第 10 次取到黑球的概率。

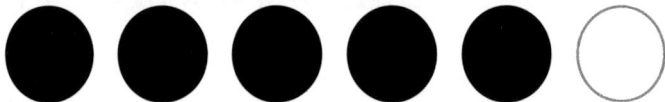

第 10 次取到黑球，那么前面的 9 次取到的是什么颜色的球呢?

▶关键词：古典概型

如果正向思考，这道题的可能性非常多，太复杂，有可能 9 次都是黑球，也可能 1 次白球、8 次黑球，还可能 2 次白球、7 次黑

球……所以,我们用逆向思维考虑。如果第 10 次取得的不是黑球而是白球,因为每次取出黑球,就会放入黑球,相当于是有放回的,而取出的是白球的话,口袋里就不会再有白球了,所以前面 9 次取得的球一定都是黑球,每次取得黑球的概率都是 9/10,而在有放回的情况下,每次取的是什么颜色的球都是独立的,结果互相不影响,所以前面 9 次都取得黑球的概率为 $(9/10)^9$,根据独立性,第 10 次取得白球的概率为 $(9/10)^9 \times (1/10) \approx 0.03874$。所以第 10 次取到黑球的概率为 $1 - 0.03874 = 0.96126$。这个案例说明逆向思维的重要性。

05　花会不会死

　　刘阿姨要去外地住两个月,她担心家里没有人,她养的几盆花会死掉,于是拜托住在同一个小区的亲戚王阿姨隔几天去她家浇一次水。

　　王阿姨年纪有些大了,记性不太好。假设她能记住去刘阿姨家给花浇水的概率为 0.7,忘记浇水的概率为 0.3,而刘阿姨家里的花因为两个月都没有人给它浇水而死去的概率为 0.4,有人浇水而死去的概率为 0.1。那么,两个月后刘阿姨回家时发现花已经死掉的概率为多少?

◆关键词：全概率公式

　　只考虑浇水对花的影响,若刘阿姨家的花死了,可能有两个原因:一是王阿姨忘了浇水,二是王阿姨记得浇水,但花依然死了。

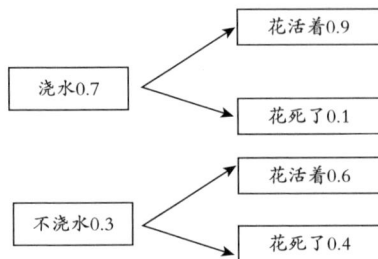

由全概率公式，花死掉的概率为 $0.7 \times 0.1 + 0.3 \times 0.4 = 0.19$。

06　品牌效应

小明在逛街时发现了一家某知名品牌鞋的专卖店，正巧她想买双鞋，于是进去看看。在她看鞋的样式时，发现店里不仅卖该品牌（记为品牌 A）的鞋，还卖另一个以前没有听过的牌子（记为品牌 B）的鞋。店主发现她没有相中品牌 A 的鞋，于是向其推荐品牌 B 的鞋。在店主的口中，品牌 B 的鞋做工非常好，用料也很好，款式很新颖，总之非常物美价廉，只是没有在电视打广告而已。小明被店主说得有些心动。

我们在逛街时经常遇到这种现象。假设顾客想买品牌 A 的鞋的概率为 0.5，而经过店主推荐想买品牌 B 的鞋的概率为 0.4，不在这个店里买鞋的概率为 0.1。当然，想在这个店里买鞋是因为店主非常热情地推荐。如果在一天内有 10 个人进这家鞋店，那么至少有一个人购买品牌 B 的鞋的概率为多少？

◆关键词：二项分布

对于品牌 B 的鞋来说，顾客购买的概率为 0.4。而对于每一个进店的顾客，要么买品牌 B 的鞋，要么不买。有 10 个顾客，则购买品牌 B 的鞋的顾客数 X 服从二项分布,参数分别为 10 和 0.4。至少有一个顾客购买品牌 B 的鞋,考虑这件事有些困难,所以从它的对立事件入手,即没有人购买品牌 B 的鞋,而每个顾客是否购买品牌 B 的鞋是独立的,10 个人都不买该鞋的概率为 $(1-0.4)^{10}=0.00605$,至少有一个顾客购买该鞋的概率为 $1-0.00605=0.99395$。

　　如果店主只卖品牌 B 的鞋,可能卖不动,因为这个品牌不太出名,但是因为和知名品牌的鞋放在一起售卖,再由店主加以对比,很容易打动消费者的心。

07　神奇的数字37%

　　泊松分布可以描述小概率事件在一定的时间内发生的次数。泊松分布的分布律为 $P(X=k)=\dfrac{\lambda^k}{k!}e^{-\lambda},k=0,1,2,\cdots$。图 1-1 是参数为 1 的泊松分布的分布律的图像。

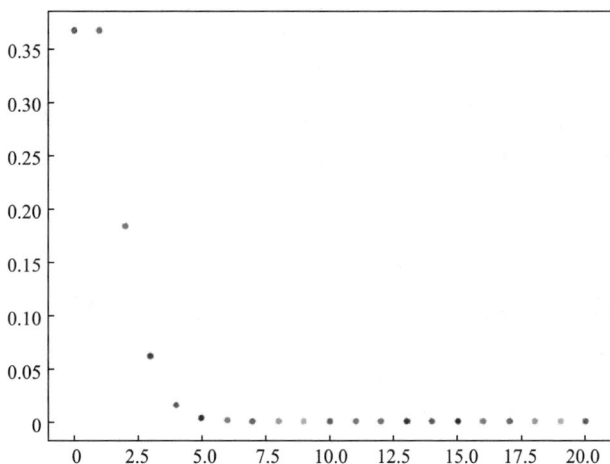

图1-1　参数为 1 的泊松分布的分布律图像

从图形可以看出 $X = 0$ 的概率稍微大于 0.35，而由泊松分布的分布律知，$X = 0$ 的概率为 $\dfrac{1^0}{0!}e^{-1} = e^{-1} \approx 0.37$，$X = 1$ 的概率为 $\dfrac{1^1}{1!}e^{-1} = e^{-1} \approx 0.37$，至少能发生一次的概率为 $1 - P(X = 0) = 1 - 0.37 = 0.63$。

由此，我们得到了小概率事件不发生的概率为 37%，只发生一次的概率也为 37%。因此，37% 是概率中重要的节点，是一个神奇的数字。

成语故事《守株待兔》讲的是一个农夫在田间劳动时，看见一只野兔为了躲避猎人而跑得飞快，从而一头撞到了树上。他捡到了兔子后，总是幻想还能再捡到一只，天天在树下蹲守，而不管田里的农活。由泊松分布可知，在一个月内没有兔子撞树的概率为 0.37，只有一只兔子撞树的概率也是 0.37，一个月内至少有两只兔子撞树的概率 $P(X \geqslant 2) = 1 - P(X = 0) - P(X = 1) = 1 - 0.37 - 0.37 = 0.26$。如果我们用兔子表示机遇的话，我们需要边准备，边等机遇。俗话说得好，功夫不负有心人。你可以成功一次，也可以成功两次。但是成功的概率会逐渐降低。

在新闻中，我们经常会看到"十年一遇""百年一遇"，甚至"千年一遇"等词。百年一遇是指一百年才有一次。那么是不是发生过一次后，一百年内就不会发生了呢？答案是否定的。一百年内发生一次的概率为 $0.37[P(X = 1) \approx 0.37]$，一次也没有发生的概率为 $0.37[P(X = 0) \approx 0.37]$，它还会发生 2 次及以上的概率为 $1 - 0.37 - 0.37 = 0.26$。"百年一遇"事件之间是独立的，没有什么关系，所以加强防范还是非常重要的。

　　《算法之美：指导工作与生活的算法》这本书中给出了最优停止理论：如何选择停止观望的时机。最优停止问题的权威教科书开宗明义地指出："最优停止理论关注的是如何选择时机以执行特定行动的问题"。是早早停止观望，还是继续观望？这需要一个标准，而"37% 法则"正是我们要的标准。"37% 法则"源于所谓的"秘书问题"。秘书招聘效果最佳的做法是接受所谓的"摸清情况再行动准则"：事先设定一个"观察"期，在这段时间里，无论人选多么优秀，都不要接受。"观察"期结束之后，就进入了"行动"期。此时，一旦出现令之前最优秀申请人相形见绌的人选，就立即出手，再也不要犹豫了。随着秘书职位申请人数不断增加，观察与行动之间的分界线正好处在全部申请人 37% 的位置，从而得出了 37%法则：在考察前 37% 的申请人时，不要接受任何人的申请；然后，只要任何一名申请人比前面所有人选都优秀，就要毫不犹豫地选择他。

　　其实选择股票的卖出点、买房子等都可以参考这个"37% 法则"。如果你有选择困难症，不妨试一试"37% 法则"，即把需要决策的时间分成两部分，一部分是 37%，另一部分是 63%，只要在37% 时间结束时做出选择即可。

第二部分　正态分布

预备知识

1. 正态分布

（1）一般正态分布

若随机变量 X 的密度函数为 $f(x) = \dfrac{1}{\sqrt{2\pi}\,\sigma}\mathrm{e}^{-\frac{(x-\mu)^2}{2\sigma^2}}$（ $-\infty <$ $x < +\infty$ ），其中 μ 和 σ 为常数，且 $\sigma > 0$，则称随机变量 X 服从参数为 μ 和 σ 的正态分布，记为 $X \sim N(\mu, \sigma^2)$。

正态分布的密度函数图像是钟形曲线。

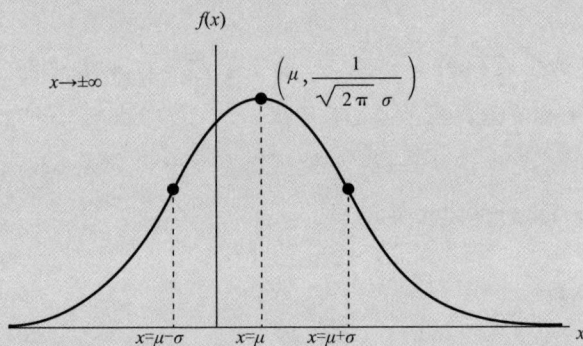

（2）标准正态分布

称参数 $\mu = 0$，$\sigma = 1$ 的正态分布为标准正态分布，记为 $X \sim N(0,1)$，其密度函数为 $\varphi(x) = \dfrac{1}{\sqrt{2\pi}}\mathrm{e}^{-\frac{x^2}{2}}$（ $-\infty < x < +\infty$ ），

相应的分布函数为 $\Phi(x) = \dfrac{1}{\sqrt{2\pi}}\displaystyle\int_{-\infty}^{x} e^{-\frac{t^2}{2}} dt$。

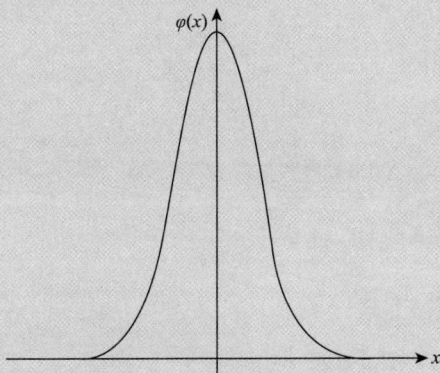

标准正态分布的计算:当 $x > 0$ 时,$\Phi(x)$ 的函数值可通过 Excel 查到;当 $x < 0$ 时有 $\Phi(-x) = 1 - \Phi(x)$,$\Phi(0) = 0.5$。

设 $X \sim N(0,1)$,则 X 落入某个区间的概率为:

$$P(X < a) = \Phi(a)$$

$$P(a < X < b) = \Phi(b) - \Phi(a)$$

$$P(-a < X < a) = 2\Phi(a) - 1$$

设 $X \sim N(\mu, \sigma^2)$,则 X 落入某个区间的概率为:

$$P(X < a) = P\left(\frac{X - \mu}{\sigma} < \frac{a - \mu}{\sigma}\right) = \Phi\left(\frac{a - \mu}{\sigma}\right)$$

$$P(a < X < b) = P\left(\frac{a - \mu}{\sigma} < Y < \frac{b - \mu}{\sigma}\right) = \Phi\left(\frac{b - \mu}{\sigma}\right) - \Phi\left(\frac{a - \mu}{\sigma}\right)$$

(3)分位数

设 $X \sim N(0,1)$,对于给定的 $\alpha(0 < \alpha < 1)$,如果 Z_α 满足

$P(X < Z_\alpha) = \dfrac{1}{\sqrt{2\pi}} \int_{-\infty}^{Z_\alpha} e^{-\frac{x^2}{2}} \mathrm{d}x = \alpha$，则称点 Z_α 为标准正态分布的左侧 α 分位点。

显然有 $\Phi(Z_\alpha) = \alpha$，$Z_{1-\alpha} = -Z_\alpha$。

2. 标准化

设随机变量 X 的期望为 μ，方差为 σ^2，则将 X 减去 μ 除以 σ 的操作称为标准化，即 $Y = \dfrac{X - \mu}{\sigma}$。

3. 中心极限定理

（1）伯努利大数定律

设 n_A 是 n 重伯努利试验中事件 A 发生的次数，p 是事件 A 在每次试验中发生的概率，则对任意的 $\varepsilon > 0$，有：

$$\lim_{n \to \infty} P\left\{ \left| \frac{n_A}{n} - p \right| < \varepsilon \right\} = 1 \quad \text{或} \quad \lim_{n \to \infty} P\left\{ \left| \frac{n_A}{n} - p \right| \geqslant \varepsilon \right\} = 0。$$

即当试验次数 n 充分大时，事件 A 发生的频率 $\dfrac{n_A}{n}$ 与其概率 p 能任意接近的可能性很大（概率趋近于 1），这为实际应用中用频率近似代替概率提供了理论依据。

（2）辛钦大数定理

设随机变量 $X_1, X_2, \cdots, X_n, \cdots$ 相互独立，服从同一分布，且具有数学期望 $E(X_i) = \mu, i = 1, 2, \cdots$，则对任意 $\varepsilon > 0$，有

$$\lim_{n \to \infty} P\left\{ \left| \frac{1}{n} \sum_{i=1}^{n} X_i - \mu \right| < \varepsilon \right\} = 1。$$

（3）林德伯格—费勒中心极限定理（独立同分布的中心极限定理）

设 $X_1, X_2, \cdots, X_n, \cdots$ 是独立同分布的随机变量序列，且 $E(X_i) =$

$$\mu, D(X_i) = \sigma^2, i = 1, 2, \cdots, n, \cdots, \text{则} \lim_{n \to \infty} P\left\{ \frac{\sum\limits_{i=1}^{n} X_i - n\mu}{\sigma \sqrt{n}} \leqslant x \right\} =$$

$$\frac{1}{\sqrt{2\pi}} \int_{-\infty}^{x} e^{-\frac{t^2}{2}} dt \text{ 。}$$

当 n 充分大时，n 个具有期望和方差的独立同分布的随机变量之和近似服从正态分布。

（4）棣莫弗—拉普拉斯定理

设随机变量 Y_n 服从参数 $n, p\,(0 < p < 1)$ 的二项分布，则对任意 x ，有：

$$\lim_{n \to \infty} P\left\{ \frac{Y_n - np}{\sqrt{np(1-p)}} \leqslant x \right\} = \frac{1}{\sqrt{2\pi}} \int_{-\infty}^{x} e^{-\frac{t^2}{2}} dt = \Phi(x)$$

即二项分布标准化后近似服从标准正态分布。

01　正态分布

某初中一年级的数学成绩如下：

76, 71, 86, 73, 79, 49, 78, 44, 66, 97, 48, 60, 90, 60, 88, 74, 51,
83, 65, 85, 64, 47, 60, 96, 61, 62, 85, 72, 50, 94, 62, 73, 86, 62, 89, 97,
73, 44, 86, 85, 94, 80, 80, 69, 72, 54, 92, 71, 73, 79, 83, 63, 67, 70, 60,
74, 89, 92, 66, 61, 61, 91, 85, 92, 66, 83, 57, 75, 45, 69, 48, 75, 73, 82,
76, 50, 69, 64, 72

成绩的具体分布是什么？我们通常用直方图的形式来展现成绩的分布。

◆ 关键词：正态分布

在统计数据时，按照频数分布表，画出平面直角坐标系，在横轴（x 轴）上标出每个组的端点，纵轴（y 轴）为频数，每组的左右端点为矩形的宽，对应的频数为矩形的高，画出矩形，称这样的统计图为频数分布直方图。如果纵轴为频率，则为频率分布直方图。下面画出成绩的频率分布直方图。

第一步，找出所有成绩的最小值和最大值。将成绩排序后发现最小值为 44，最大值为 97，学生的总人数为 79。（注：此处可以使用 Excel 的排序功能。）

第二步，从 40 分开始，以 10 分为一个区间，将所有的成绩分为 6 个区间，即区间的长度为 10。统计学生的成绩落入这 6 个区间的频数和频率（表 1-1）。频率等于频数/总人数。

表 1-1　频数分布表

区间	40～49	50～59	60～69	70～79	80～89	90～100
频数	7	5	21	20	16	10
频率	0.08861	0.06329	0.2658	0.2532	0.2025	0.1266

第三步，画出频率分布直方图，如图 1-2 所示（每一组含前一个边界值，不含后一个边界值）。

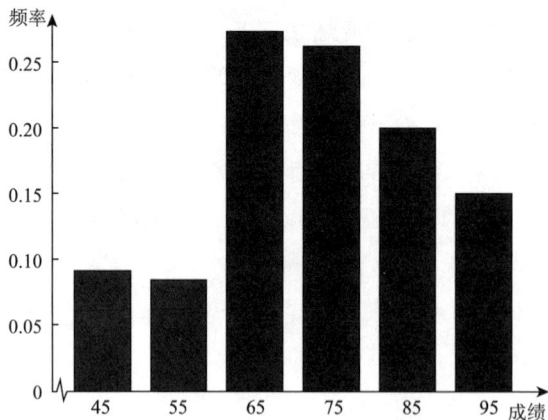

图 1-2　成绩的频率分布直方图

　　根据大数据统计所得出的关于学生考试成绩的结论是学生考试的成绩服从正态分布。即考分很高的学生,如成绩为 90 分以上占少数,考分很低的学生,如不及格的学生也是少数,而大多数成绩都会分布在 60～90 分。

　　我们使用一条平滑的曲线来覆盖整个直方图,如图 1-3 所示,那么这个曲线具有什么样的特征呢?

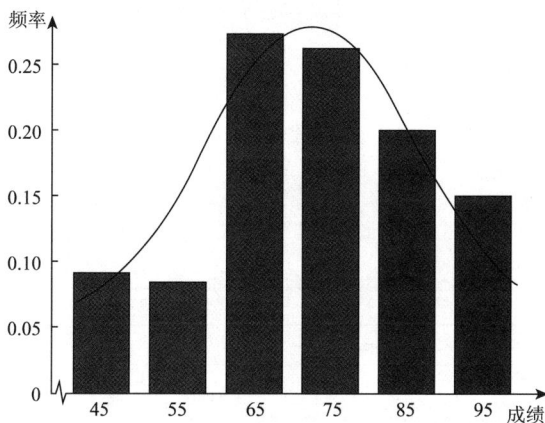

图 1-3　带光滑曲线的直方图

　　①分布是单峰的,它的众数为 73,均值为 72.1,中位数为 73,相差很少。大多数数据都集中在均值周围,数据与均值相差越大,出现的概率越小。(注:此处的众数、均值和中位数详见第二篇统计基础中的第三部分描述性统计。)

　　②数据均匀地分布在均值周围,使图形关于均值对称的,为钟形曲线。

　　③均值左边的曲线单调递增,右边的曲线单调递减。

　　我们认为,满足这些特点的数据服从正态分布,正态分布的密度函数图像如图 1-4 所示。这个图像除了满足上面的三条,还

满足以 x 轴为渐近线。即当 x 取值越来越大或者越来越小时，图像无限接近于 x 轴。学生的成绩分布可以近似认为服从正态分布。

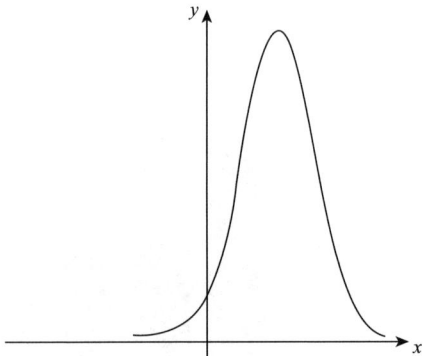

图 1-4　正态分布密度函数图像

02　正态分布的期望和方差

从正态分布的密度函数图像可以看出，正态分布取值绝大多数集中在均值的周围。假设 X 服从期望为 μ，标准差为 σ 的正态分布。

期望 μ 决定了正态分布的密度函数关于哪条直线对称，称为位置参数，如果不改变参数 σ，只改变期望 μ，那么密度函数的图像会左右移动。图 1-4 中的正态分布的密度函数图像关于直线 $x=2$ 对称。而图 1-5 是图像分别向左和向右移动的结果。左边的曲线是把原图像向左移动了一个单位，此时对称轴为 $x=1$，右边的曲线是原图像向右移动了两个单位，此时对称轴为 $x=4$。

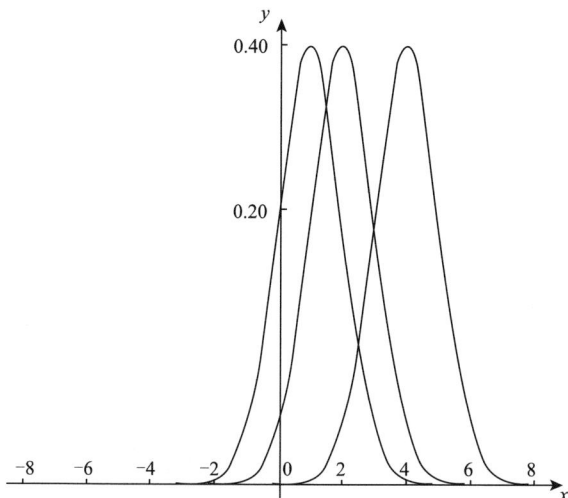

图1-5　只改变期望 μ 的正态分布的密度函数图像

方差 σ^2 决定了正态分布的密度函数的高矮,称为尺度参数,如果不改变参数 μ,只改变 σ^2,那么密度函数的图像会上下变化。图1-4中的正态分布的密度函数图像关于 $x=2$ 对称,其方差为1。在图1-6中,最上面的曲线和图1-4的曲线相同,中间那条曲线是方差由1变成了2的结果,下面的那条曲线是方差由1变成了4的结果。三条曲线的对称轴都是 $x=2$,但是图像的胖瘦程度不同。方差越小,取值越集中,反映在图像上就是图像越高越瘦;方差越大,取值越分散,反映在图像上就是图像越矮越胖。

在初中数学成绩的案例中,均值为72.1,标准差为14.137,均值决定了正态分布的对称轴,而方差反映了取值的离散程度,决定了图像的高矮。

只要知道了正态分布的期望和方差,就可以画出正态分布的密度函数图像,掌握正态分布的所有信息。

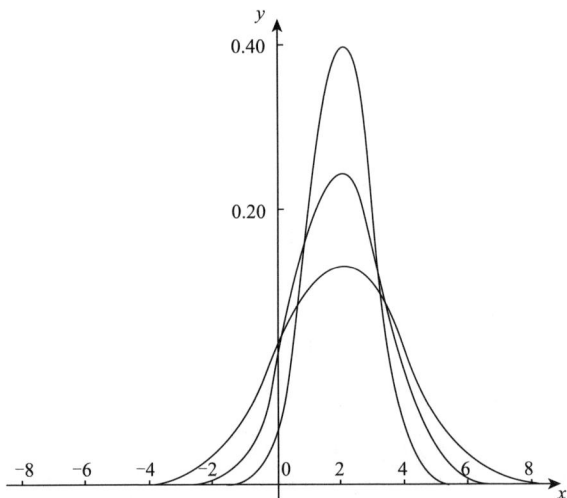

图1-6 只改变方差 σ^2 的正态分布的密度函数图像

如果知道学生的成绩服从正态分布，且平均分为 72.1 分，标准差为 14.137，之后能知道哪些信息呢？能不能知道到底有多少学生考了 90 分以上，有多少学生考试不及格？小明考了 80 分，那他在班级中排名多少呢？这些内容都涉及正态分布概率的计算，请看下面的案例。

03 估计名次

第一个问题： 如果学生的成绩服从期望为 72.1，标准差为 14.137 的正态分布，那么到底有多少学生考了 90 分以上呢？

用随机变量 X 表示学生考试的成绩，其实这个问题就是考察 X 大于 90 分的概率。

◆ 关键词：正态分布

方法1(使用标准化)

当正态分布的期望为0,方差为1时,称为标准正态分布。它的密度函数图像关于 y 轴对称。对于标准正态分布的概率的计算可以借助于 Excel。

将正态分布标准化得到标准正态分布,所谓的标准化就是把服从正态分布随机变量 X 减去期望,再除以标准差。X 服从期望为72.1,标准差(方差的算数平方根)为14.137的正态分布,$(X-72.1)/14.137$ 服从标准正态分布。

如果 Y 服从标准正态分布,则 Y 小于 a 的概率为 $P(Y < a) = \Phi(a)$,Y 大于 a 的概率为 $P(Y > a) = 1 - \Phi(a)$,Y 处于 $-a$ 到 a 之间的概率为 $P(|Y| < a) = 2\Phi(a) - 1$[$\Phi(x)$ 为标准正态分布的分布函数]。

标准化后按照标准正态分布的概率的计算公式来计算:

$$P(X > 90) = P\left(\frac{X - 72.1}{14.137} > \frac{90 - 72.1}{14.137}\right)$$

$$= P(Y > 1.26618) = 1 - \Phi(1.26618)$$

使用 Excel 求标准正态分布的分布函数,命令为:

$$\text{NORM. S. DIST}(x, \text{cumlative})$$

cumlative 有两项可以选择,TRUE 代表的是分布函数,FALSE 代表的是密度函数,TRUE = 1。

在 Excel 的空白单元格处输入" = NORM. S. DIST(1.26618, 1)",回车,结果为 0.897276,则成绩大于 90 分的概率为 1 - 0.897276 = 0.102724(TRUE 可以用 1 代替)。

即约有 10.27% 的学生成绩大于 90 分。

方法 2（直接使用 Excel）

使用 Excel 计算正态分布的分布函数，命令为：

$$NORM.\,DIST(x,mean,standard\_dev,cumlative)$$

其中 mean 为正态分布的均值，standard_dev 为正态分布的标准差，cumlative 有两项可以选择，TRUE 代表的是分布函数，FALSE 代表的是密度函数。

在 Excel 的空白单元格处输入" = NORM.\,DIST(90,72.1,14.137,1)"，回车，结果为 0.897276，则成绩大于 90 分的概率为 $1 - 0.897276 = 0.102724$。

结论：成绩大于 90 分的学生占总人数的 10.27%。

第二个问题：如果学生的成绩服从期望为 72.1，标准差为 14.137 的正态分布，那么到底有多少学生不及格呢？

用随机变量 X 表示学生考试的成绩，其实这个问题就是考察 X 小于 60 分的概率。

➤ **关键词：正态分布**

方法 1（使用标准化）

将正态分布标准化得到标准正态分布，即 X 服从期望为 72.1，标准差为 14.137 的正态分布，$(X - 72.1)/14.137$ 服从标准正态分布。

标准化后按照标准正态分布的概率计算公式来计算：

$$P(X<60) = P\left(\frac{X-72.1}{14.137} < \frac{60-72.1}{14.137}\right)$$

$$= P(Y < -0.85591) = 1 - \Phi(0.85591)$$

在 Excel 的空白单元格处输入" = NORM. S. DIST(0. 85591, 1)",回车,结果为 0. 803976,则成绩小于 60 分的概率为 1 – 0. 803976 = 0. 196024。

方法 2(直接使用 Excel)

在 Excel 的空白单元格处输入" = NORM. DIST(60, 72. 1, 14. 137, TRUE)",回车,结果为 0. 196024,则成绩小于 60 分的概率为 0. 196024。

结论:成绩不及格的学生占总人数的 19. 6%。

第三个问题:小明考了 80 分,那他在年级中排名多少呢?

◆ 关键词:正态分布

想算班级排名的话,只要计算班级中有多少学生的成绩大于或等于 80 分,即计算 X 大于或等于 80 分的概率。

使用 Excel 计算 X 小于或等于 79 分的概率,在 Excel 的空白单元格处输入" = NORM. DIST(79, 72. 1, 14. 137, TRUE)",回车,结果为 0. 687254,则成绩大于 79 分,即 X 大于或等于 80 分的概率为 1 – 0. 687254 = 0. 312746。将概率再乘以学生总数,则 0. 312746 × 79 = 24. 70695,即有 25 个人成绩大于 79 分,小明的排名为第 25 名。

从初中数学成绩案例的原始数据可以看出,实际有 26 个学生的成绩大于 80 分,小明的排名为第 27 名。因为这个案例中给出的数据不完全符合正态分布,得出的结论也稍微有些偏差。

04　正态分布的 3σ 原则

设随机变量 X 服从期望为 μ，方差为 σ^2 的正态分布，即 $X \sim N(\mu, \sigma^2)$，则：

$$P(\mu - \sigma < X < \mu + \sigma) = P(-\sigma < X - \mu < \sigma) = P\left(\left|\frac{X - \mu}{\sigma}\right| < \frac{\sigma}{\sigma} = 1\right) =$$

$$P(|Y| < 1) = P(-1 < |Y| < 1) = 2\Phi(1) - 1 = 0.6826$$

$$P(\mu - 2\sigma < X < \mu + 2\sigma) = P(|X - \mu| < 2\sigma) = 2\Phi(2) - 1 = 0.9544$$

$$P(\mu - 3\sigma < X < \mu + 3\sigma) = P(|X - \mu| < 3\sigma) = 2\Phi(3) - 1 = 0.9974$$

其中 $\Phi(1)$，$\Phi(2)$，$\Phi(3)$ 为标准正态分布的分布函数，可以使用 Excel 得到。在 Excel 中的空白单元格处输入" = NORM. S. DIST $(1,1)$"，回车得到 $\Phi(1) = 0.841345$，命令的第一个参数 1 换成 2 和 3，可以分别得到 $\Phi(2) = 0.97725$，$\Phi(3) = 0.99865$。

可见在一次试验中，X 几乎都落在区间 $(\mu - 3\sigma, \mu + 3\sigma)$ 内，因为服从正态分布的随机变量 X 有 99.74% 的机会落入以 3σ 为半径的区间 $(\mu - 3\sigma, \mu + 3\sigma)$ 内。一般学校要求考试成绩大致服从正态分布，正是基于该原则。3σ 原则在统计学的快速分析中经常会用到。

观察正态分布的密度函数图像，如图 1-7 所示。大约有 68.26% 的数据落入期望 μ 的左右长度各为 σ 的区间中，大约 95.44% 的数据落入期望 μ 的左右长度各为 2σ 的区间中，大约 99.74% 的数据落入期望 μ 的左右长度各为 3σ 的区间中，这就是正态分布的 3σ 原则。

某城市中成年男子身高 X 服从期望为 170 厘米，方差为 36 的正态分布,说明该城市中有 68.26% 的成年男子的身高落在 [170 − 6, 170 + 6] = [164, 176],即 164 ~ 176 厘米,有 95.44% 的成年男子的身高落在 [170 − 12, 170 + 12] = [158, 182],即 158 ~ 182 厘米,有 99.74% 的成年男子的身高落在 [170 − 18, 170 + 18] = [152, 188],即 152 ~ 188 厘米。

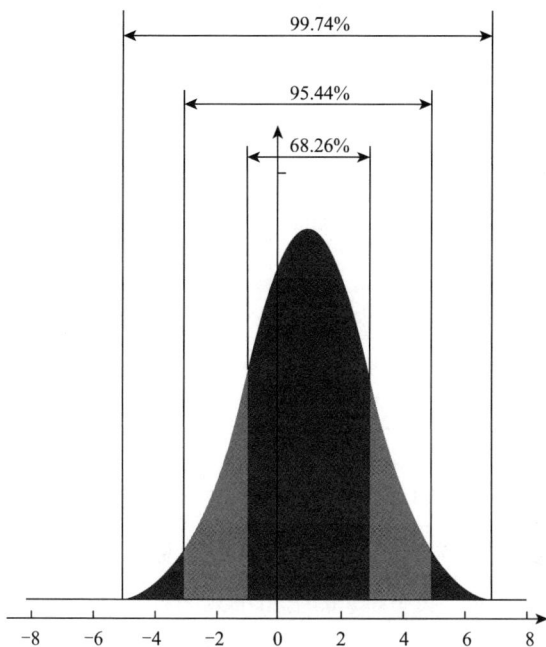

图 1-7 正态分布的 3σ 原则

又如某班的数学成绩服从期望为 90,方差为 4 的正态分布,说明有 68.26% 的学生成绩为 88 ~ 92 分,有 95.44% 的学生成绩为 86 ~ 94 分,有 99.74% 的学生成绩为 84 ~ 96 分。

05　正态分布的分位数

标准正态分布的左侧 α 分位数指的是随机变量小于某个数的概率为 α，如果 X 服从标准正态分布，则 $P(X < c) = \alpha, c = Z_\alpha$，如图 1-8 所示。

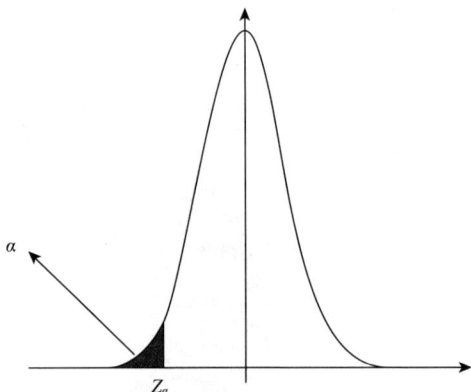

图 1-8　标准正态分布的左侧 α 分位数

令 $\alpha = 0.05$，5% 分位数意味着该分位数左面有 5% 的数据，右面有 95% 的数据。在 Excel 的空白单元格处输入" = NORM. S. INV (0.05)"，命令的作用为求标准正态分布的分位数，求 c 使得 $P(X < c) = 0.05$，回车后得到结果为 -1.644854，可知 $c = -1.644854$，为标准正态分布的 5% 分位数。

标准正态分布的右侧 α 分位数指的是随机变量大于某个数的概率为 α，如果 X 服从标准正态分布，则 $P(X > c) = \alpha, c = Z_{1-\alpha}$，如图 1-9 所示。

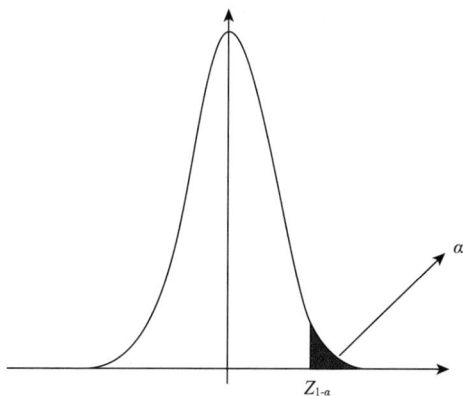

图1-9　标准正态分布的右侧 α 分位数

右侧 5% 分位数就是左侧 95% 分位数，即该分位数左面有 95% 的数据，右面有 5% 的数据。在 Excel 的空白单元格处输入 "＝NORM. S. INV(0.95)"，命令的作用为求标准正态分布的分位数，求 c 使得 $P(X>c)=0.05$，回车后得到结果为 1.644854，可知 $c=1.644854$，为标准正态分布的 95% 分位数。

如果要求一般正态分布的左右临界值，可以通过 Excel 来得到。

下面来看一个实际案例：

某人种了 20 亩的西瓜，喜获丰收，西瓜的个头特别大。他想从中挑出重量前 5% 的西瓜送人（从大到小排），已知西瓜的重量服从期望为 30，方差为 16 的正态分布，他应该挑取重量最少为多少的西瓜？

挑选属于最重的 5% 的西瓜，其实就是从期望为 30，方差为 16 的正态分布中找出它的右 5% 临界值。可以使用公式计算，也可以使用 Excel 求出结果。

设挑选的西瓜的重量最少为 a 斤，即西瓜的重量大于 a 斤的概率为 0.05，小于 a 斤的概率为 0.95。在 Excel 的空白单元格处输入" = NORM. INV(0.95,30,4)"，命令的作用为求 X 使得 $P(X < a) = 0.95$，回车后得到结果为 36.57941，因此只要挑选重量至少为 37 斤的西瓜即可。

06 录取分数线问题 1

某银行准备招收工作人员 800 人，按面试成绩从高到低依次录取。设报考该银行的考生共 3000 人，且考试成绩服从正态分布，已知这些考生中成绩在 90 分以上的有 200 人，80 分以下的有 2075 人，问该银行的最低录取分是多少？

用随机变量 X 表示考生的成绩，成绩低于 80 分的人数为 2075 人，占总人数的比例为 2075/3000 = 0.6917，使用频率来近似代替概率，即面试成绩低于 80 分的概率为 0.6917。

成绩高于 90 分的人数为 200 人，占总人数的比例为 200/3000 = 0.0667，使用频率来近似代替概率，即面试成绩高于 90 分的概率为 0.0667，成绩低于 90 分的概率为 1 − 0.0667 = 0.9333。

使用公式计算成绩小于 80 分的概率，先将成绩 X 标准化，再使用标准正态分布的概率计算公式，可求得：

$$P(X < 80) = P\left(\frac{X - \mu}{\sigma} < \frac{80 - \mu}{\sigma}\right) = \Phi\left(\frac{80 - \mu}{\sigma}\right) = 0.6917$$

在 Excel 的空白单元格处输入" = NORM. S. INV(0.6917)"，命令的作用为求 X 使得 $\Phi(X) = 0.6917$，回车后得到结果为 $X = 0.500675 \approx 0.5$，即 $\Phi(0.5) = 0.6917$，有：

$$\frac{80 - \mu}{\sigma} = 0.5 \tag{1-1}$$

使用同样的方法,计算成绩小于 90 分的概率:

$$P(X < 90) = P\left(\frac{X - \mu}{\sigma} < \frac{90 - \mu}{\sigma}\right) = \Phi\left(\frac{90 - \mu}{\sigma}\right) = 0.9333$$

在 Excel 的空白单元格处输入" = NORM. S. INV(0.9333)",命令的作用为求 X 使得 $\Phi(X) = 0.9333$,回车后得到结果为 $X = 1.500828 \approx 1.5$,即 $\Phi(1.5) = 0.9333$,有:

$$\frac{90 - \mu}{\sigma} = 1.5 \tag{1-2}$$

联立式(1-1)和式(1-2),可求出 $\mu = 75, \sigma = 10$,则所有考生的平均分是 75 分。设录取的最低分数为 a 分,共有 3000 名考生参加面试考试,实际录取 800 人,成绩低于 a 分的人数共有 3000 - 800 = 2200 人,成绩低于 a 分的人数所占的比例为 2200/3000 ≈ 0.7333,用频率近似代替概率,则面试成绩低于 a 分的概率为 0.7333,使用公式计算成绩小于 a 分的概率,先将成绩 X 标准化,再使用标准正态分布的概率计算公式,可求得:

$$P(X < a) = P\left(\frac{X - 75}{10} < \frac{a - 75}{10}\right) = \Phi\left(\frac{a - 75}{10}\right) = 0.7333$$

在 Excel 的空白单元格处输入" = NORM. S. INV(0.7333)",命令的作用为求 X 使得 $\Phi(X) = 0.7333$,回车后得到结果为 $X = 0.622824$,即 $\Phi(0.622824) = 0.7333$,有:

$$\frac{a - 75}{10} = 0.622824$$

因此 $a = 81.22824$,录取最低分为 82 分。

07 录取分数线问题 2

某银行准备招收工作人员,按面试成绩从高分至低分依次录取,假设面试成绩的平均分为 80 分,标准差为 10 分,录取率为 20%,应该制定录取分数线为多少?

用随机变量 X 表示考生的成绩,则成绩 X 服从期望为 80,方差为 100 的正态分布。

录取率为 20%,设录取分数线为 a 分,则成绩 $\geq a$ 分的人数所占总人数的比例为 20%,使用频率近似代替概率,成绩 $X \geq a$ 分的概率为 0.2,因此成绩小于 a 分的概率为 $1 - 0.2 = 0.8$,即 $P(X < a) = 0.8$。

方法 1(使用公式计算概率)

成绩低于 a 分的概率为 0.8,先将成绩 X 标准化,再使用标准正态分布的概率计算公式,可求得 $P(X < a) = P\left(\dfrac{X - 80}{10} < \dfrac{a - 80}{10}\right) = \Phi\left(\dfrac{a - 80}{10}\right) = 0.8$。

在 Excel 的空白单元格处输入" $= \mathrm{NORM.\,S.\,INV}(0.8)$ ",命令的作用为求 X 使得 $\Phi(X) = 0.8$,回车后得到结果为 $X = 0.841621$,即 $\Phi(0.841621) = 0.8$,有:

$$\frac{a - 80}{10} = 0.841621$$

因此 $a = 88.41621$,录取分数线为 89 分。

方法 2(直接使用 Excel 求概率)

成绩小于 a 分的概率为 0.8,即 $P(X < a) = 0.8$,在 Excel 的空

白单元格处输入"$=\mathrm{NORM.INV}(0.8,80,10)$",其中正态分布的期望为 80,标准差为 10,命令的作用为求 X 使得 $P(X<80)=0.8$,回车后得到结果为 $X=88.41621$,因此录取分数线为 89 分。

08 保险公司的盈利

某保险公司推出一种人寿保险:参保人每人年初交保费 160 元,若一年内去世,家属可获 2 万元赔偿。已知被保险人一年内去世的概率为 0.005,现有 5000 人购买此保险,则保险公司一年内盈利 20 万 ~40 万元的概率是多少?

➡ 案例分析:

每个参保人交保费 160 元,共有 5000 人购买这种人寿保险,则保险公司收到的保费为 $160\times5000=800000$ 元。对每个参保人来说,在参保的一年期间,要么活着,要么去世。现在有 5000 个参保人,故一年内参保的 5000 人中去世的人数 X 服从二项分布(做一次试验有两种结果,将该试验独立重复地进行 n 次,则事件发生的次数服从二项分布)。已知被保险人一年内去世的概率为 0.005,则 X 的期望为 $5000\times0.005=25$,方差为 $5000\times0.005\times(1-0.005)=24.875$ 。

保险公司的盈利等于收取的保费减去赔偿的费用,而赔偿的费用等于去世的人数 × 赔偿金额。如果保险公司一年内要盈利 20 万 ~40 万元,则 X 满足 $200000\leqslant160\times5000-20000X\leqslant400000$,化简得 $20\leqslant X\leqslant30$ 。只要一年内去世的人数为 20 ~30 人,保险公司一年内就会盈利 20 万 ~40 万元。问题转化为求去世的人数为 20 ~30 人的概率 $P(20\leqslant X\leqslant30)$ 。

由中心极限定理，当试验次数 n 很大时，二项分布的极限分布为正态分布，即二项分布的概率的计算可以使用正态分布的概率的计算来近似。死亡的人数 X 服从期望为 25，方差为 24.875 的二项分布，则 X 的极限分布为期望为 25，方差为 24.875 的正态分布。对于正态分布的概率计算可以使用标准化的方法，也可以直接使用 Excel 来计算。

方法 1（使用标准化的公式）

先将 X 标准化，即 X 减去期望 25 后再除以标准差 $\sqrt{24.875} \approx 4.987$，有：

$$P(20 \leqslant X \leqslant 30) = P\left(\frac{20-25}{\sqrt{24.875}} \leqslant \frac{X-25}{\sqrt{24.875}} \leqslant \frac{30-25}{\sqrt{24.875}}\right)$$

再将二项分布近似为标准正态分布，则：

$$上式 = P\left(-1.003 \leqslant \frac{X-25}{\sqrt{24.875}} \leqslant 1.0026\right) \approx \Phi(1.0026) - \Phi(-1.0026)$$

由标准正态分布的概率计算公式，有 $\Phi(1.0026) - \Phi(-1.0026) = 2\Phi(1.0026) - 1$，使用 Excel 计算标准正态分布的分布函数值。在 Excel 的空白单元格处输入"= NORM. S. DIST (1.0026, 1)"，命令的作用为求 X 使得 $\Phi(X) = 1.0026$，回车后得到结果为 $X = 0.841949$，即 $\Phi(0.841973) = 1.0026$。

因此 $P(20 \leqslant X \leqslant 30) = 2 \times 0.841973 - 1 = 0.683946$。

方法 2（直接使用 Excel 求概率）

将二项分布的分布函数近似为正态分布的分布函数，则 $P(20 \leqslant X \leqslant 30) \approx F(30) - F(20)$。

$F(30)$ 为正态分布的分布函数 $F(X)$ 在 $X = 30$ 时的值，即 $P(X \leqslant 30)$。在 Excel 的空白单元格处输入"= NORM. DIST (30, 25,

4.987，TRUE）"，其中正态分布的期望为 25，标准差为 4.987，命令的作用为求 X 使得 $P(X \leq 30)$，回车后得到结果为 $X = 0.841975$。

再求 $F(20)$。$F(20)$ 为正态分布的分布函数 $F(X)$ 在 $X = 20$ 时的值，即 $P(X \leq 20)$。在 Excel 的空白单元格处输入"$= NORM.DIST(20,25,4.987,TRUE)$"，回车后得到结果为 $X = 0.158025$。

由以上分析，$P(20 \leq X \leq 30) \approx F(30) - F(20) \approx 0.841975 - 0.158025 = 0.683949$。

两种方法的结果略有不同，这是由标准化过程的舍入误差造成的。保险公司一年内盈利 20 万 ~ 40 万元的概率是 0.68。

09　被盗索赔

某保险公司根据多年的资料统计，得知在索赔户中被盗索赔户占 20%。在随意抽查的 100 家索赔户中，被盗的索赔户数为随机变量 X，则被盗的索赔户数少于 30 户的概率为多少？

◆ **案例分析：**

客户索赔的原因有多种，有可能是被盗造成的财产损失，房子里的水管破裂造成的财产损失，打雷闪电把家里的电器烧坏了造成的财产损失，还有可能是台风、暴雨等造成的财产损失，这些损失都属于家财险的赔付范围。

保险公司随机调查了 100 家索赔户，对于这 100 户中的每一户来说，有两种原因导致索赔，要么是因为被盗，要么是其他原因。被盗的概率为 0.2，现有 100 户，所以被盗的索赔户数 X 服从二项分布，期望为 $100 \times 0.2 = 20$，方差为 $100 \times 0.2 \times 0.8 = 16$。当 X 的取值比较大时,计算二项分布的分布函数有些麻烦,可以使用中心极限定理来完成计算。

由中心极限定理,当试验次数 n 很大时,二项分布的极限分布为正态分布,即二项分布的概率的计算可以使用正态分布的概率的计算来近似。因被盗索赔户数 X 服从期望为 25,方差为 16 的二项分布,则 X 的极限分布为期望为 20,方差为 16 的正态分布。对于正态分布的概率计算可以使用标准化的方法,也可以直接使用 Excel 来计算。下面使用 Excel 来计算。

求被盗的索赔户数少于 30 户的概率 $P(X \leqslant 30) \approx F(30)$,$F(30)$ 为正态分布的分布函数 $F(X)$ 在 $X = 30$ 时的值。在 Excel 的空白单元格处输入" = NORM. DIST(30, 20, 4, TRUE)",其中正态分布的期望为 20,标准差为 4。命令的作用为求 X 使得 $P(X \leqslant 30)$,回车后得到结果为 $X = 0.99379$,因此被盗索赔户少于 30 户的概率为 0.99379。

第二篇 统计基础

第一部分 数据分类

信息时代,各类数据迭代更新的速度非常快,需要分析的数据体量更是惊人,而每种数据都有属于自己的属性。在做数据挖掘或数据分析的时候,首先要学会分析数据属于哪一种类型。

统计学将数据分为四类:定类、定序、定距和定比,这四种数据类型是从低到高的递进关系,后面类型的数据可以用前面类型数据的分析方法来进行分析,但是反过来不行。定比数据可以进行加减乘除,如身高、体重等可以进行加减乘除,但是定类数据不可以,如性别中令男为 0,女为 1 时,是不可以进行加减乘除的,因为这样的计算没有任何意义。

01 定类数据

定类数据就是分类数据和标记数据。

分类是给数据定义一个类别。这种数据类型对所研究的对象进行分类,如把性别分成男女两类。再如,购物网站的主页上有所卖商品的类型。若是想买冰箱,可以在京东商城的电脑版的主页上找"家用电器",也可以在淘宝网的"大家电/生活电器"中查找

(图 2-1)。无论如何，它都要属于某一个类，而且它一旦属于这一类，就不再属于另一平级的类。即类与类之间不能有交集。

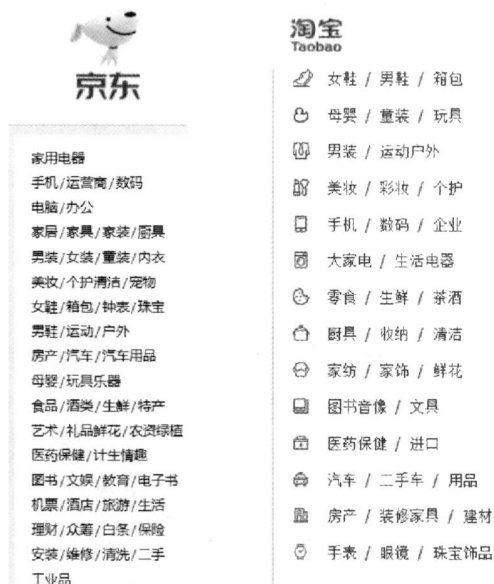

图 2-1　京东和淘宝的商品分类

一般而言，我们认为抛硬币的结果只有两种：正面向上和反面向上。只能进行" = "或" ≠ "，或者"属于""不属于"这两种操作，这也属于分类。

标记就是对对象分配一个标签，比如，学生的学号可以代表学生，但是不能说 1 号的学生的成绩就不如 2 号的学生。运动场上的运动员的衣服的号码为 1 号、2 号、3 号……但也不能说 2 号就比 1 号强。用数据作标记，不表示数量的多少，也不能进行加减乘除运算。

02　定序数据

学历分为小学、初中、高中、大学（本科和专科）、研究生（硕士和博士研究生）。人的一生分为婴幼儿、少年、青年、中年和老年阶段。学生的成绩可分为优秀、良好、及格和不及格，当然也可以用A、B、C、D 等档表示。某个城市的小区可以分为高档小区和一般小区。小学分为重点小学和普通小学。这些例子都有的共同的特点，即这些例子中的数据都是可以排序的，当然也可以分类。定序数据是可以进行比较的，既可以区分异同，又可以区别研究对象的高低或大小，但是只能进行排序，不能进行加减乘除等操作。

对于文字形式的数据，我们可以对其进行赋值，将其数字化，比如，小学为 1，初中为 2，高中为 3，大学为 4，研究生为 5。但是绝对不能进行加减等操作。在这个案例中，4 和 5 的差距到底为多少？这是没法用数据衡量的，只能进行比较。定序数据比定类数据高级一些，所以也可以进行分类操作。

03　定距数据

定距数据有数值、有单位，可以进行加减，但是不可以进行乘除，因为没有一个真正的零点。定距数据可以测量大小次序之间的距离，因而具有加与减的数学特质。它还拥有定序和定比数据的所有特点。

温度就是一个定距变量。天气预报说，六盘水星期二的最高温度为 28℃，比前一天高 3℃，那我们就可以想到星期一的最高温度是 25℃，它属于是比较炎热的天气（分类）。我们可以按照数字大小给每天的温度排序,还可以对温度进行加减运算,比如,星期二比星期一高 3℃。上周日最高温度是 23℃,25℃ 比 23℃ 高 2℃,反应了温度在逐渐上升。值得注意的是,零度并不是没有温度,也就是说,0℃ 并不是一个真正的零点。

智商也是一个非常典型的定距变量。小明的智商为 120,小强的智商为 100,他两个的智商的差距为 120 - 100 = 20。但是却不能说小明的智商是小明智商的 1.2 倍。

04　定比数据

定比数据除了拥有定距数据的特性外,还具有一个真正的零点,因此可以对它进行乘除。年龄是一个定比变量,人一生下来的年龄为 0 岁。若爸爸的年龄为 30 岁,儿子的年龄为 5 岁,则爸爸的年龄是儿子年龄的 6 倍。因为其零点是绝对的,可以做乘除的运算。爸爸和儿子出生在不同的世纪,他们可以属于不同的类。他们的年龄可以进行比较,也可以进行加减,爸爸比儿子大 30 - 5 = 25 岁。

另外,收入也是一个定比变量。定比数据是统计学中研究的主要类型。这种数据是最为常见的一类数据。

第二部分　抽样方法

01　幸存者偏差——简单随机抽样

"二战"期间,美国哥伦比亚大学统计学教授亚伯拉罕·沃德应美国海军要求,运用他在统计方面的专业知识给出关于"飞机应该如何加强防护,才能降低被炮火击落的概率"的建议。

沃德统计了作战后幸存飞机上弹痕的分布情况。为什么只统计幸存的飞机呢? 因为双方正在交战,坠毁战机的情况无法看到,所以只能统计返回的飞机的中弹情况。最后发现中弹最多的是机翼、机尾等处,发动机则是最少被击中的位置。因此,美国海军指挥官认为"应该加强机翼的防护,因为这是最容易被击中的位置"。而沃德教授分析和研究相关数据后,给出的结论是"应该强化发动机的防护",认为更应该注意弹痕少的部位,如发动机、驾驶舱等,因为这些部位被击中的战机,往往都难以返航,而这部分数据被忽略了。最后军方采纳了沃德教授的建议,对发动机等部位加强了防护,而事实也证明了沃德的正确性。自此之后,战斗机坠毁的概率大幅降低。

这个故事说明了一个重要的逻辑常识,即统计学中的幸存者偏差问题。其实幸存者偏差问题的本质是搜集的数据太片面。

飞机已成为当今人们首选的长途交通工具。但是一旦有飞机失事,比如 2014 年马来西亚航空公司 MH370 航班失踪、2019 年埃塞俄比亚航空公司一架载有 157 人的波音 737 MAX8 客机在飞往肯尼亚途中坠毁,新闻就会铺天盖地而来,导致要乘坐飞机的人,心里会有些恐惧心理。事实上，每天都有很多飞机航班，正常的航班不会有媒体报道，只有失事的航班才会报道。

据统计，在 2016 年美国的 4000 多万次客运和货运航班中，只有 10 次发生了致命事故。中国现在各大航空公司的飞机失事平均概率为 20 万分之一，有的年份能达到百万分之一。据称，飞机失事致死的概率是 1100 万分之一，相当于一个人每天飞行一次，持续约 400 万年才会死于致命空难。对比美国机动车致命事故的 1/114 的概率，飞行真的非常安全。因为人们对机动车交通事故已经习以为常，而且除非发生特大交通事故，不会有特别多的新闻去大肆报道。所以如果你开车送朋友去车站或者机场的话，开车出事故的概率要大于坐高铁或者坐飞机出事故的概率。所以在对朋友说出"一路顺风，注意安全"的同时，自己也要注意安全。

这两个例子说明，目光只看到幸存者的话，得到的结论可能会不正确，甚至可能得出完全相反的结论。虽然"死人不会说话"，但是这些数据是客观存在的，对统计的意义非常重大，只有收集的数据全面，才能给出正确的结论。下面看统计学中的简单随机抽样方法。

统计中研究的对象的全体称为总体。对于要研究的对象，我们可能只关心其某些数量指标。比如，学生有很多特征，有身高、体重、学号、年龄、血压、籍贯等，但是我们仅关心学生的身高和体重。身高和体重是一系列数据。这些数据具有一定的规律性，如服从正态分布。所以总体包括三层含义：研究对象的全体、是一系列数据、服从某种概率分布。

为了研究总体的某些特征，我们需要从总体中抽出一部分作为样本。统计学要求样本具有代表性，即统计的特点是"部分推断整体",所以选取样本的方法非常重要。统计学中经常使用的是简单随机抽样方法,就是要求每个个体被抽到的机会都是相等的。这样选取的样本不仅具有独立性,还和总体的分布完全相同。那么,为了让样本具有代表性,只看幸存者的资料是不行的,还要考虑"遇难者"的数据资料,综合考虑各种情况,这样才能保证结论的正确性。

近年来,关于遇见老人摔倒后要不要进行帮助的问题,大家的意见都不统一。有的人认为对老人进行帮助,可能会遭到讹诈,导致一连串的麻烦,因此不愿意提供帮助。之所以有这样的想法,完全是因为网上经常有此类事情报道,创造了一种"幸存者偏差"的舆论环境。其实大多数的老人还是知恩图报的,对给予帮助的人非常感谢,但是这样的新闻报道比较少。不能因为一颗老鼠屎就坏了一锅汤,该出手时就出手,但是也要注意保护自己的权益。

02 社会调查——分层抽样

新华网报道,中国已实现了"带动三亿人参与冰雪运动"的目标,全国冰雪运动参与人数达到 3.46 亿人,居民参与率达到 24.56%。2021 年 10 月,受国家体育总局委托,国家统计局开展了"带动三亿人参与冰雪运动"的统计调查。

澎湃新闻・澎湃号・媒体报道指出,本次调查采用分层随机抽样方法,通过国家统计局社情民意电话调查热线 12340 进行数据采集,调查样本按照第七次全国人口普查的城乡人口比例、各地区常住人口规模进行分配,保证调查样本对全国和各省具有代表性。对分城乡、分年龄段和分省的群众参与冰雪运动的人数与参与率进行加权推算。

　　这是一个使用分层抽样进行社会调查的典型案例。如果想知道全国股民一年内的盈利情况,可以从全国所有的证券公司中调取账户活跃的股民的盈利查看。但是全国的股民非常多,截至 2021 年 11 月底,A 股投资者数量达到了 1.95 亿,全部调查不太现实,但是如果采用简单随机抽样的方法,有些小的证券公司的客户可能就抽不到了,此时就可以采用分层抽样的方法。

　　假设全国共有 138 家证券公司,我们可以根据资产规模来将证券公司分为大型、中型和小型证券公司,也可以根据券商级别将证券公司分类。每年证券监管部门都会对各家证券公司进行评级,一般分为 A、B、C、D、E 五大类。还可以根据营业厅数量将其分类。138 家证券公司中有 35 家按规定与其母公司合并评价,因此有 103 家。这 103 家中 A 类有 50 家,B 类有 39 家,C 类有 13 家,D 类有 1 家。因为 D 类只有一家,把 C 和 D 类合为一类。这样一共有三类,A: B: C = 50: 39: 14。

　　若想从全国股民中抽取 2000 个,可以这样分配名额:从 A 类券商中随机抽取 $\frac{50}{103} \times 2000 \approx 971$ 个股民,从 B 类券商中随机抽取 $\frac{39}{103} \times 2000 \approx 757$ 个股民,从 C 类和 D 类中随机抽取 $\frac{14}{103} \times 2000 \approx 272$ 个股民。分别查看他们一年内的收益情况即可,这就是分层抽样。(注:文中数据来自中国证监会公布的 2021 年证券公司分类结果。)

03　整群抽样

整群抽样是将总体分成多个群组,在抽样时随机抽取其中的部分群组作为观察单位,构成一个样本。如果把抽到的群组内的所有个体都作为调查对象,则称为单纯整群抽样。如果在抽到的群组内,通过再次随机抽样后调查部分个体,则称为二阶段抽样。

分层抽样和整群抽样是有区别的。分层抽样要求各层之间的差异很大,层内个体或单元差异小,而整群抽样要求群与群之间的差异比较小,群内个体或单元差异大;分层抽样的样本是从每个层内抽取若干单元或个体构成,而整群抽样则是要么整群抽取,要么整群不被抽取。

疫情紧张时,某高校要求在校学生进行核酸检测抽检。以专业为单位,从学校的所有的专业抽取 20% 的专业的学生进行核酸检测。这就是单纯整群抽样,此时各个专业的学生数可能会不相同。如果是从被抽到的专业中各随机抽取 20% 的学生做核酸检测,这就是二阶段抽样。

再如,某老师要在课堂上点名,教室里共有 4 个班的同学一起上课。由于时间关系,只点一班同学的名字。这种点名方式就是把教室里的同学按照班级划分为 4 个群,从中抽出一个进行点名,这属于整群分类。收作业时,只收 6 个宿舍的同学的作业,此时就是把教室的同学按照宿舍分为若干个群,从中抽取了 6 个群进行检查,这也属于整群分类。

04　系统抽样——等距抽样

学生进行军训时,经常听到教官要求按 1、2、3 的顺序报数,报完后命令报数是 1 的同学出列。这样的抽样方法为系统抽样或者等距抽样。

系统抽样法又叫作等距抽样法,是依据一定的抽样距离,从总体中抽取样本。要从容量为 N 的总体中抽取容量为 n 的样本,按某一顺序编号(或按研究对象已有的顺序,如学号等)并平均分成 n 个部分,每部分包含 K 个个体($K = N/n$)。首先从第一部分中随机抽取一个个体,依次用相等的间隔,机械地从每一部分中各抽取一个个体,共抽得 n 个个体组成样本。

系统抽样方法随时可见。某牛奶公司开发了新口味的酸奶,想在超市进行口味测试。测试人员可以从超市开门后来的顾客中选择第 1 个、第 6 个、第 11 个、第 16 个……请这些顾客免费品尝酸奶,并对口味进行评分。这就属于等距抽样。再如,老师在上课时收取作业,只收学号末位数是 4 的倍数的同学的作业,即每隔 3 个同学抽一个交作业,这也是等距抽样。

第三部分 描述性统计

01 你被平均了吗——均值

平均工资指的是企事业单位、机关单位的职工在一年内平均每人得到的货币工资。山东省人力资源和社会保障厅于 2021 年 8 月13 日下午发布消息,根据山东省统计部门提供的相关数据,经测算,2020 年度山东省全口径城镇单位就业人员的平均工资为 74906 元,这是年平均工资,而月平均工资为 74906/12 =6242.17元。

每年平均工资公布后,部分人会觉得:今年平均工资怎么这么高?我又拖了平均工资的后腿,我的工资又"被平均"了。曾经有网友创作了打油诗:"张村有个张千万,隔壁九个穷光蛋,平均起来算一算,人人都是张百万。"

这一统计中的平均工资指的是税前工资,包括公积金、社保、个人所得税等,和拿到手的工资是有差异的。此外,工资统计的是法人单位的就业人员,而个体就业人员、自由职业者等不在统计范围内,即统计的范围不是所有的人。为了让自己不拖平均工资的后腿,就要努力地提升自己的能力,多"充电"。

上面提到的平均工资,就是统计中最常用的统计量之一:平均数,又称均值。那么平均数是怎么计算的呢? 若 n 个样本观测值分别为 $x_1,x_2,\cdots,x_n$,则样本均值的计算公式为:

$$\frac{x_1 + x_2 + \cdots + x_n}{n}$$

案例 1 某班 40 名同学某门课程的成绩如下：

56,49,74,69,85,96,83,49,84,81,73,74,78,90,99,91,93,

91,91,94,85,74,89,77,85,67,79,86,72,72,68,88,77,77,69,73,

79,84,95,5

下面计算该课程的平均成绩。

(56 + 49 + 74 + 69 + 85 + 96 + 83 + 49 + 84 + 81 + 73 + 74 + 78 +

90 + 99 + 91 + 93 + 91 + 91 + 94 + 85 + 74 + 89 + 77 + 85 + 67 + 79 +

86 + 72 + 72 + 68 + 88 + 77 + 77 + 69 + 73 + 79 + 84 + 95 + 5)/40 =

1301/40 = 77.525 分。

现在统计各分数段的人数：

0 ~ 59 分的有 4 人,60 ~ 69 分的有 4 人,70 ~ 79 分的有 13 人,

80 ~ 89 分的有 10 人,90 分以上有 9 人。从统计的数据看出,有 18

人成绩在平均成绩下面,即没有达到平均成绩 77.525 分,达到

45%。那么这 18 名同学就会认为自己被平均了。之所以平均成

绩为 77.525,是因为有 9 名同学的成绩在 90 分以上。尤其有一个

同学成绩为 99 分,这个成绩远高于平均成绩。画出成绩的频数直

方图如图 2-2 所示。

平均数的缺点是它会受到异常值的影响。从图 2-2 可以看出,

案例 1 的数据不是对称的,重心在右边,处于左偏状态(有个别非

常小的数据存在)。这个 5 分就是异常值或者极端值。如果去掉

这个的同学成绩,那么剩下的 39 名同学的平均成绩变为

79.38462分。

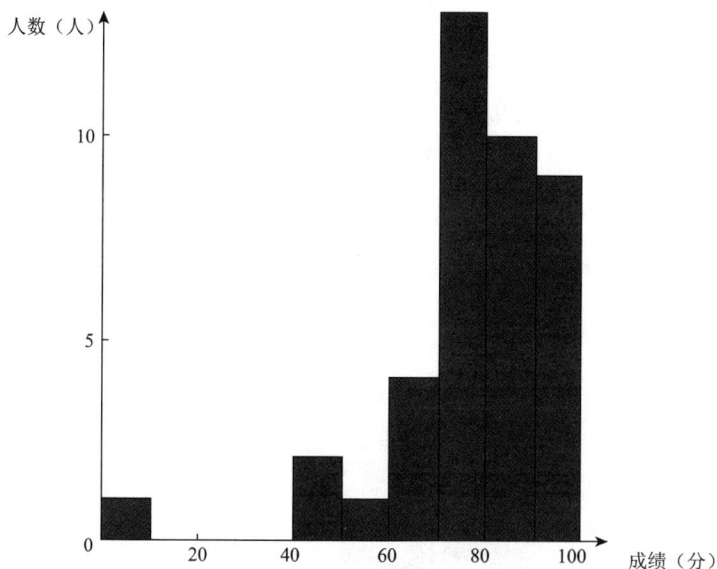

图 2-2 成绩的频数直方图

案例 2 某小区 2021 年二手房房价如表 2-1 所示：

表 2-1 某小区二手房房价

单价（元/m²）	面积（m²）	单价（元/m²）	面积（m²）
8804	117	8857	99.4
7875	127	9240	92
8866	97	9969	95.3
8621	116	9463	93
8182	99	10102	99
12821	137	8440	173
9010	101	8489	172
10000	93	9326	99.7
9850	96.5	8548	117
8914	92	9279	97

经过计算得知,该小区的平均房价为 9232.8 元/m²,其中有 11 套房子的单价低于平均房价。平均房价高是因为出现了 3 套单价 10000 元/m² 以上的房子。尤其是单价为 12821 元/m² 的房子,它 的价格远远超过其他房子,属于异常值。画出频数直方图如图 2-3 所示。

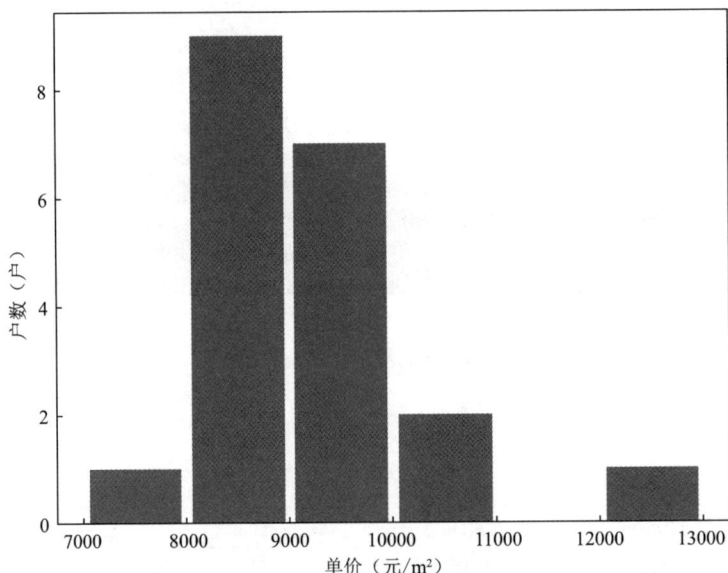

图 2-3　房价的频数直方图

观察图 2-3,可以看出该直方图的重心在左边,统计学上称为 右偏(有个别非常大的数据存在),即它右边有较长的尾部。如果 把异常值 12821 去掉,再画频数直方图如图 2-4 所示,此时比起 图 2-3 来,图像要更对称些。

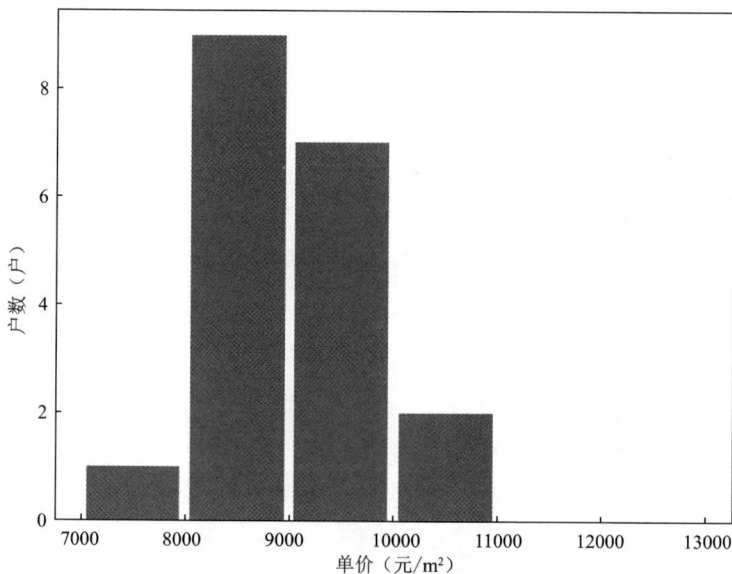

图2-4 去掉最高价格后房价的频数直方图

02 不偏不倚——中位数

当出现异常值时,均值看起来不那么可信,我们就需要其他的描述统计量了,如中位数。中位数左右两侧的数据的个数各占总数据量的一半。它不受数据极端值的影响。

已知有 n 个数据,将数据按照从小到大排列,如果 n 为奇数,则排好序后的第 $[(n+1)/2]$ 个数为其中位数,即中间位置的数;如果 n 为偶数,则排好序后的第 $[n/2]$ 个数与第 $[n/2]+1$ 个数的和除以 2 为其中位数。比如,如果有 5 个数,排好序后的第 3 个数为中位数;有 6 个数,排好序后的第 3 个和第 4 个数的和除以 2 为中位数,所以中位数可以是数据里的数,也可以不是。

例如:有数字 3,6,8,4,3,5,3,9,一共有 8 个数,将这 8 个数字按照从小到大的顺序排列为 3,3,3,4,5,6,8,9。其中第 4 个数和第 5 个数分别是 4 和 5,则中位数为 $(4+5)/2=4.5$。这 8 个数中大于 4.5 和小于 4.5 的各有 4 个。如果数字为 6,8,4,3,5,3,9,一共有 7 个数,将这 7 个数字按照从小到大的顺序排列为 3,3,4,5,6,8,9,则中位数就是第 4 个数,为 5。这 7 个数中大于 5 和小于 5 的各有 3 个。

在本部分内容的案例 1 中,成绩的中位数是 79 分,大于平均分 77.525 分。如果去掉最低分 5 分,则平均分变为 79.3846 分,而中位数还是 79 分,两者更接近了。

案例 2 中房价的中位数为 8962 元/m²,这个数据比平均房价 9232.8 元/m² 看起来更可信些。

案例 3 某学校要选拔学生去参加竞赛,名额只有一个。有两个学习能力相当的同学作为考察对象,他们两个成绩如下:

甲同学两年内的 10 次考试的考试成绩:

分数(分)	97	98	99	100
次数(次)	1	3	1	5

乙同学两年内的 10 次考试的考试成绩:

分数(分)	96	97	99	100
次数(次)	1	1	2	6

这两个同学的成绩的平均成绩和中位数分别是多少?

甲同学的平均成绩为 99 分,中位数为 99.5 分。乙同学的平均成绩为 99.1 分,中位数为 100 分。两个同学的平均成绩几乎一样,中位数乙比甲稍微高一点,但是差距不明显。两个同学的成绩几乎不分胜负,那到底要哪位同学去参加数学竞赛呢？我们可以试试标准差。

03 少数服从多数——众数

众数指的是出现频数最高的那个数据。众数不是唯一的,可能有多个众数,也可能没有。众数是由英国统计学家皮尔逊首先提出来的,是一组数据分布的峰值,不受数据极端值的影响。平均值、中位数和众数这三个统计量都可以反映数据的集中趋势。

案例 1 中的成绩的众数为 74,77,85,91,它们出现的次数都是 3 次。所以众数不唯一。案例 2 中由于房价的特殊性,没有众数。案例 3 中甲同学的成绩的众数为 100,乙同学的众数也是 100。说明两个同学考 100 分的时候最多。

对于均值、中位数有如下结论:

如果数据的分布是对称的,中位数和均值相等,应选择均值作为集中趋势的代表值。均值的主要缺点是易受数据极端值的影响。对于偏态分布的数据,均值的代表性较差。当一组数据的个别数据偏大或偏小时,用中位数来描述该组数据的集中趋势就比较合适。当某个数据出现比较多的时候,用众数表示这组数据的集中趋势比较合适,因为它体现了整个数据的集中情况。

如果数据是左偏分布,说明数据存在极小值,均值较小,即均值 < 中位数,如案例 1;如果数据是右偏分布,说明数据存在极大值,均值较大,即中位数 < 均值,如案例 2。数据偏态时,中位数和众数的代表性要比均值好。

04　最大的减去最小的——极差

极差又称全距,用来表示统计资料中的最大值与最小值之间的差距,即最大值减最小值后所得的数据。它反映的是数据的离散趋势。

案例 1 中的极差是 99 − 5 = 94 分,表示最高分与最低分的差为 94 分,两名同学的学习成绩相差非常大。

案例 2 中该小区的房价最低为 7875 元,最高为 12821 元,极差为 12821 − 7875 = 4946 元。价格波动范围较大,而面积为 90 ~ 100m² 的房子的单价,最低是 8182 元,最高是 10102 元,极差为 10102 − 8182 = 1920 元。该小区的房子的总价会相差 17 万 ~ 19 万元。所以买房子的时候,即便看中了某个小区,也要多看几套房子,把户型、装修情况、地下室情况等都了解清楚,再下手也不晚。

买房时到底看几套房子合适? 可以参考 37% 法则。如果你自己计划的时间是 3 个月内一定要买上房子,90 天的 37% 为 33 天,那你就可以在前面 33 天积累经验,等 33 天后每看到一套房子,就与前面的比较,如果有比前面房子更好的,就出手买入。同样,如果你手里持有股票而不是用现金购买房子,因为要 3 个月后买房子,所以在 3 个月内要卖出,那这个时候你也可以在前 33 天内仔细观察股票的涨势,到第 33 天后就要根据涨跌的情况,选择合适的时机卖出,再购买房子。

05　样本方差和标准差

注意是人的心理活动对一定事物的指向和集中,一些优秀的军事家在战场上仍然能沉静地、注意力高度集中地指挥战斗。但是有些人,短时间注意力可以达到很高的程度,但是不能持久,即注意力不稳定,只能在很短的时间内集中,但是不能长期集中,此时需要进行注意力的稳定性训练。比如,可以边看电视边训练自己的注意力。将电视机的音量调至几乎听不到电视的声音,然后盯住电视机画面,聚精会神地收看节目。采用这样的方法,可以提高注意力的稳定性。

现有14名男同学和14名女同学,对其进行注意稳定性实验。他们能保持注意力稳定的时间(单位:分钟)如下:

男生:19,32,21,34,25,25,25,31,27,31,22,26,26,29

女生:19,30,28,19,23,25,27,35,30,20,29,24,26,38

由上面数据能不能说明男生的注意力稳定性要高于女生呢?

计算男生和女生的注意力稳定的时间的平均值,发现均为26.64286分钟,男生和女生注意力保持的平均时间可以认为是一样的。那么男生和女生的注意力集中情况是否真的相同呢? 通过均值是区分不出的。虽然男生和女生的注意力集中时间的均值相同,但是这些数据距离均值有多远呢? 数据是在均值的周围摆动还是离均值比较远呢? 如果在均值周围摆动,摆动的幅度如何呢? 我们自然期望注意力集中时间在均值周围摆动,而且摆动幅度越小越好。

如何知道数据在均值周围摆动的情况呢? 我们自然想到使用

数据偏离均值的偏差（距离）表示，但是偏差有正有负，因此考虑使用绝对值。又因为绝对值作为统计量求数字特征时不太好处理，所以使用数据与均值的偏差的平方表示。先求每个数据与均值的偏差的平方，然后求和，得到所有的数据与均值的偏差的平方和，用公式表示为 $(x_1 - \mu)^2 + (x_2 - \mu)^2 + \cdots + (x_n - \mu)^2$，其中 n 个样本观测值分别为 $x_1, x_2, \cdots, x_n$，μ 为样本均值。将偏差平方和除以 $n-1$，得到常见的统计量之一的样本方差 S^2，样本方差计算公式为：

$$S^2 = \frac{(x_1 - \mu)^2 + (x_2 - \mu)^2 + \cdots + (x_n - \mu)^2}{n - 1} = \frac{\sum_{i=1}^{n} (x_i - \mu)^2}{n - 1}$$

将样本方差的算术平方根称为样本的标准差，记为 S。样本方差表示数据偏离均值的分散程度。如果样本方差小，说明数据集中，反之说明数据分散。涉及考试成绩、射击水平等，数据越集中，样本方差越小，说明发挥越稳定，不会出现较大的失误。关于蔬菜价格，我们自然也希望价格稳定，而不是忽高忽低，价格稳定也意味着样本方差小，价格波动小。

样本方差是衡量数据的离散趋势或者波动的统计量，它的数学期望等于总体的数学期望。

将男生的集中注意力时间代入，计算得：

$$S^2 = \frac{(19 - 26.64286)^2 + (32 - 26.64286)^2 + \cdots + (29 - 26.64286)^2}{13}$$

$$= 19.016$$

将女生的集中注意力时间代入，计算得：

$$S^2 = \frac{(19 - 26.64286)^2 + (30 - 26.64286)^2 + \cdots + (38 - 26.64286)^2}{13}$$

$$= 31.786$$

这两个样本方差说明男生的集中注意力时间较女生稳定(该案例仅用于讲解,不代表真实情况)。

下面给出使用 Excel 计算样本标准的过程,图 2-5 是原始数据,最后一行为均值,图 2-6 和图 2-7 为求样本标准差的过程。路径为:公式—自动求和—其他函数—统计—STDEV. S。STDEV. S 为求样本的标准差 S,标准差 S 的平方为样本方差 S^2。

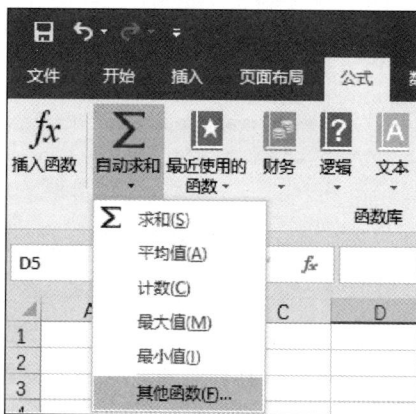

图 2-5　原始数据　　　图 2-6　公式—自动求和—其他函数

在求样本方差界面中,number1 中输入"F1:F14",也可点击第 F 列的第一个数据,输入":",再点击第 14 个数据,将 14 个数据都选入,计算样本标准差。界面上出现样本标准差为 4.360789323,如图 2-8 所示。样本方差为样本标准差的平方,为 19.016。

求女生的注意稳定性的样本标准差过程和求男生的样本标准差过程相同,结果如图 2-9 所示。样本标准差为 5.637882074。样本方差为 31.786。

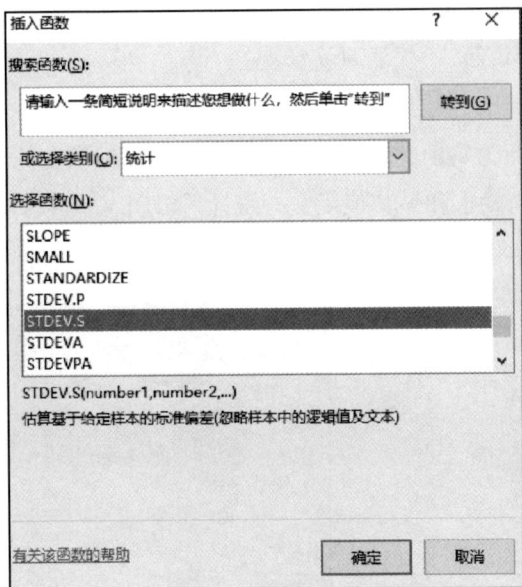

图 2-7　统计函数

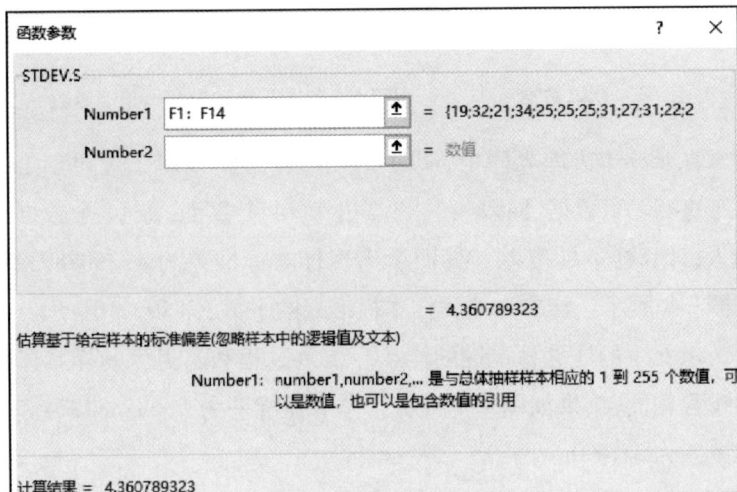

图 2-8　标准差函数界面 1

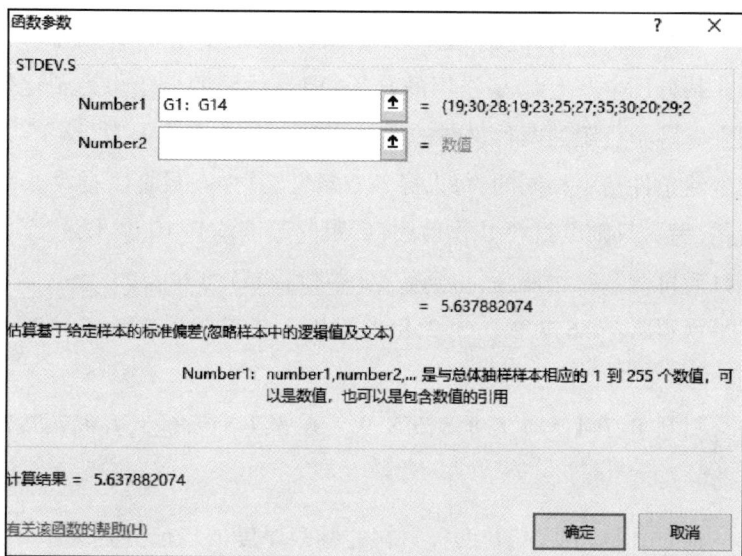

图2-9　标准差函数界面2

比较男生和女生的样本方差,发现女生的样本方差大于男生的样本方差,说明男生的注意力集中时间更具有稳定性,波动性没有女生波动性大。

另外,男生的注意力集中时间最小值为 19 分钟,最大值为 34 分钟,女生的注意力集中时间最小值为 19 分钟,最大值为 38 分钟。说明个别女生的注意力集中时间要长一些。

06　四分位数

俗话说"人没鞋,穷半截",可见鞋子在穿衣打扮中的重要性。各种鞋便应运而生,如高跟鞋、平跟鞋、增高鞋、瘦身鞋等,种类繁多。对于高跟鞋、增高鞋等来说,鞋跟的材质是非常重要的。

鞋跟的材料以橡胶为主，也有一部分鞋跟使用皮革/硬木等材料。某鞋厂生产有增高作用的鞋子，即有后跟的鞋子。为了比较用来做鞋子后跟的两种材料的质量，找到了 15 个志愿者，这 15 人的生活条件是不相同的，每人穿一双新鞋，其中一只是以材料 A 作后跟，另一只则以材料 B 作后跟，后跟的厚度均为 10 毫米，过了一个月后再测量鞋跟厚度，得到数据（单位:mm）如下：

材料 A:6.6,7,8.3,5.2,8.3,7.9,9,8.5,7.8,7.5,6.1,8.9,6.1,9.4,8.2

材料 B:7.4,5.4,8.8,8,6.8,9.1,6.3,7.5,7.6,5,4.9,7,7.7,4.2,6.7

通过计算得到 A,B 两种材料的鞋跟厚度的均值分别为 7.653 和 6.826。材料 A 制成的鞋的平均耐磨度高于材料 B。

将 A,B 两种材料的鞋跟厚度分别从小到大排序，得：

材料 A: 5.2,6.1,6.1,6.6,7,7.5,7.8,7.9,8.2,8.3,8.3,8.5,8.9,9,9.4

材料 B:4.2,4.9,5,5.4,6.3,6.7,6.8,7,7.4,7.5,7.6,7.7,8,8.8,9.1

则中位数分别为每组的第 8 个数据，即 7.9 和 7。材料 A 制成的鞋的耐磨度的中位数高于材料 B。

中位数位于一组数据的中间，即前后各 50% 的数据，所以中位数将数据分为两部分。四分位数将一组数据分为四部分。下四分位数的前面有 1/4 的数据，后面有 3/4 的数据，上四分位数的前面有 3/4 的数据，后面有 1/4 的数据。

下四分位数是前面的一半数据的中位数。如材料 A：使用中位数 7.9 把 15 个数据分开，左右各 7 个。前面的 7 个数据为 5.2,

6.1,6.1,6.6,7,7.5,7.8,这 7 个数据的中位数为第 4 个数据,为 6.6,这是所有数据的下四分位数,为 15 个数据中的第 4 个数据。后面的 7 个数据为 8.2,8.3,8.3,8.5,8.9,9,9.4,这 7 个数据的中位数为这 7 个数据中的第 4 个数,为 8.5,这是所有数据的上四分位数,是 15 个数据中的第 12 个数据,如图 2-10 所示。

5.2,6.1,6.1,**6.6**,7,7.5,7.8,**7.9**,8.2,8.3,8.3,**8.5**,8.9,9,9.4

图 2-10　15 个数据的四分位数

将材料 A 的数据去掉最后一个,此时数据的个数为 14 个,为 5.2,6.1,6.1,6.6,7,7.5,7.8,7.9,8.2,8.3,8.3,8.5,8.9,9,此时中位数为第 7 个和第 8 个的均值,即 $(7.8+7.9)/2=7.85$,7.85 将 14 个数据分成左右各一半。前面 7 个数据为 5.2,6.1,6.1,6.6,7,7.5,7.8,中位数为 7 个的第 4 个数据,为 6.6,这就是下四分位数。后面 7 个数据为 7.9,8.2,8.3,8.3,8.5,8.9,9,中位数为 7 个数据的第 4 个数据,为 8.3,这就是上四分位数,为总的数据的第 11 个数据,如图 2-11 所示。

5.2,6.1,6.1,**6.6**,7,7.5,**7.8**,**7.9**,8.2,8.3,**8.3**,8.5,8.9,9

图 2-11　14 个数据的四分位数

将材料 A 的数据去掉最后两个,此时数据的个数为 13 个,5.2,6.1,6.1,6.6,7,7.5,7.8,7.9,8.2,8.3,8.3,8.5,8.9,此时中位数为第 7 个数据,为 7.8。将 13 个数据分成左右各一半。前面 6

个数据为 5.2，6.1，6.1，6.6，7，7.5，连同中位数 7.8，共有 7 个，这些数据的中位数为第 4 个，为 6.6，这就是下四分位数，为总的数据的第 4 个数据。后面 6 个数据为 7.9，8.2，8.3，8.3，8.5，8.9，连同中位数为 7.8，共有 7 个数据，中位数为 8.3，这就是上四分位数，为总的数据的第 10 个数据，如图 2-12 所示。

5.2，6.1，6.1，**6.6**，7，7.5，**7.8**，7.9，8.2，**8.3**，8.3，8.5，8.9

图 2-12　13 个数据的四分位数

继续将材料 A 的数据去掉最后三个，此时数据的个数为 12 个，5.2，6.1，6.1，6.6，7，7.5，7.8，7.9，8.2，8.3，8.3，8.5，此时中位数为第 6 个数和第 7 个数的均值，即 $(7.5 + 7.8)/2 = 7.65$，7.65 将 12 个数据分成左右各一半。前面 6 个数据为 5.2，6.1，6.1，6.6，7，7.5，中位数为 $(6.1 + 6.6)/2 = 6.35$，这就是下四分位数，为总的数据的第 3 个和第 4 个的均值。后面 6 个数据为 7.8，7.9，8.2，8.3，8.3，8.5，中位数为 $(8.2 + 8.3)/2 = 8.25$，这就是上四分位数，为总的数据的第 9 个和第 10 个的均值，如图 2-13 所示。

5.2，6.1，6.1，6.6，7，**7.5**，**7.8**，7.9，**8.2**，**8.3**，8.3，8.5

图 2-13　12 个数据的四分位数

综合上面几种情况，如果有 15 个数据，将其按照从小到大排序后，则第 4 个数据为下四分位数，第 12 个数据为上四分位数。此时中位数左右两边的数据各偶数个。

如果有 14 个数据,将其按照从小到大排序后,则第 4 个数据为下四分位数,第 11 个数据为上四分位数。此时中位数左右两边的数据各奇数个。

如果有 13 个数据,将其按照从小到大排序后,则第 4 个数据为下四分位数,第 10 个数据为上四分位数。此时中位数左右两边的数据各偶数个。计算下四分位数和上四分位数时要把中位数也包括进去。

如果有 12 个数据,将其按照从小到大排序后,则第 3 个数据和第 4 个数据的均值为下四分位数,第 9 个数据和第 10 个数据的均值为上四分位数。

由此可以总结四位数的计算公式:如果数据的个数 n 不是 4 的倍数,则下四分位数为第 $[n/4+1]$ 个,$[\ ]$ 指的是把结果向下取整,即 $[1.1]=1$,$[3.5]=3$,$[7.8]=7$。上四分位数为第 $[3n/4+1]$ 个。如果数据的个数 n 是 4 的倍数,则下四分位数为第 $n/4$ 个和第 $(n+1)/4$ 个数的均值,上四分位数为第 $3n/4$ 个和第 $(3n+1)/4$ 个数的均值。用公式形式表示为:

$$\begin{cases} X_{([np+1])}, & np \text{ 不是整数} \\ \dfrac{1}{2}\left[X_{(np)}+X_{(np+1)}\right], & np \text{ 是整数} \end{cases}$$

当 $p=0.25$ 时计算下四分位数,当 $p=0.75$ 时计算上四分位数。把上四分位数减去下四分位数得到的差称为四分位距,四分位距仅用了中间的 50% 的数据,极端值对其毫无影响,因为最小和最大的值都排除在外了。对数据集进行比较时,采用四分位距可以更好地比较两组数据。

在鞋后跟的厚度的 15 个数据中,下四分位数和上四分位数分别为第 4 个和第 12 个数据，因此材料 A 的下四分位数和上四分位数分别为 6.6 和 8.5，材料 B 的下四分位数和上四分位数分别为 5.4 和 7.7。四分位距为 8.5 - 6.6 = 1.9 和 7.7 - 5.4 = 2.3。说明材料 A 的取值较材料 B 的取值集中。综合中位数、均值和四分位数，都说明应该选择材料 A 作为制作鞋跟的材料。

07　箱线图

对于给定的一组数据，可以用五个数据来描述它：最小值、下四分位数、中位数、上四分位数和最大值。这个方法称为五数概括法。为了直观地了解数据的分布情况，可以画出箱线图。

首先画出坐标轴。然后在坐标轴的上方画一个长方形的箱子，这个箱子的左端是下四分位数，右端是上四分位数，中间为中位数。最后箱子的左右两侧的中间处各引出一条线，左侧的线的终点是最小值，右侧的线的终点是最大值。这就是箱线图，如图 2-14 所示。

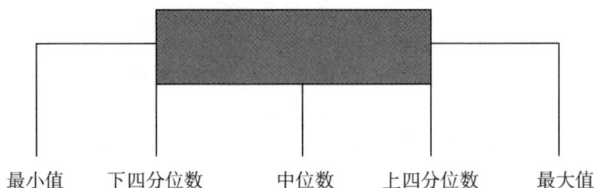

| 最小值 | 下四分位数 | 中位数 | 上四分位数 | 最大值 |

图 2-14　箱线图

以考察两种材料制作的鞋跟耐磨度为例，画出箱线图，如图 2-15 所示。

从图 2-15 可以看出材料 A 的耐磨程度明显高于材料 B，应该选择材料 A 作为制作鞋跟的材料。

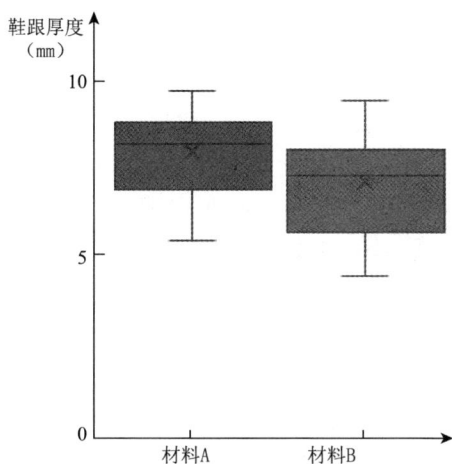

图 2-15 箱线图

箱线图有以下用途：

（1）直观地显示数据中的异常值

异常值通常定义为比下四分位数小 1.5 倍的四分位距的数据和比上四分位数大 1.5 倍的四分位距的数据，如果用 Q_1、Q_3 和 IQR 分别表示下四分位数、上四分位数和四分位距，则异常值指的是小于 $Q_1 - 1.5IQR$ 和大于 $Q_3 + 1.5IQR$。异常值带来的不良影响是非常大的，进行数据分析前需要先处理异常值。而箱线图则可以显示异常值。

（2）可以比较几组数据的形态

将几组数据放在同一个数轴上，可以直观地看出数据中的中位数，异常值和尾长等信息，如图 2-15 的箱线图就可以比较材料 A 和材料 B 制作的鞋跟的耐磨度。

08 茎叶图

首先将每个数据分为茎（高位）和叶（低位）两部分，比如，当数据是两位整数时，茎为十位上的数字，叶为个位上的数字；当数据是由整数部分和小数部分组成时，可以把整数部分作为茎，小数部分作为叶。即把数据的基本不变或变化不大的位作为茎，将变化大的位作为叶，列在茎的后面。根据茎叶图，我们可以清楚地看到每个茎后面有几个数，每个数具体是多少。然后将各数据的叶按从小到大的顺序排写在茎右（左）侧，这是为了方便分析数据。

用茎叶图比较数据时，一般从数据分布的对称性、中位数，稳定性等方面来比较。通过茎叶图，我们可以观察数据的分布状况及数据的离散状况，如数据分布是否对称、是否有极端值存在等。茎叶图在反映数据分布状况的同时保留了原始数据的信息，这是它的特点。

以考察两种材料制作的鞋跟耐磨度为例，画出背靠背茎叶图，如图 2-16 所示。

从图 2-16 的茎叶图可以看出材料 B 磨损后的厚度集中在六点多和七点多，而材料 A 磨损后的厚度集中在七点多和八点多。材料 B 的数据的中位数小于材料 A 的数据的中位数等。因此得出结论，可以采用材料 A 作为制作鞋跟的材料。

材料 B		材料 A
2,9	4	
0,4	5	2
3,7,8	6	1,1,6
0,4,5,6,7	7	0,5,8,9
0,8	8	2,3,3,5,9
1	9	0,4

图 2-16 茎叶图

09　会说谎的统计图形

　　小明同学在一学期内的 6 次数学考试成绩(单位:分)分别为:70,71,72,71,73,73。为了分析小明的成绩的波动情况,班主任画了两幅折线图,分别给小明的爸爸和妈妈看,爸爸看了成绩的折线图(图 2-17),认为小明成绩比较稳定,而小明的妈妈看了另一幅折线图(图 2-18),认为小明的成绩进步很大。为什么同样的数据,得到的结论不一样呢?

　　图 2-17 的 y 轴从 0 开始。通过该折线图,确实看出小明的成绩是稳定的。

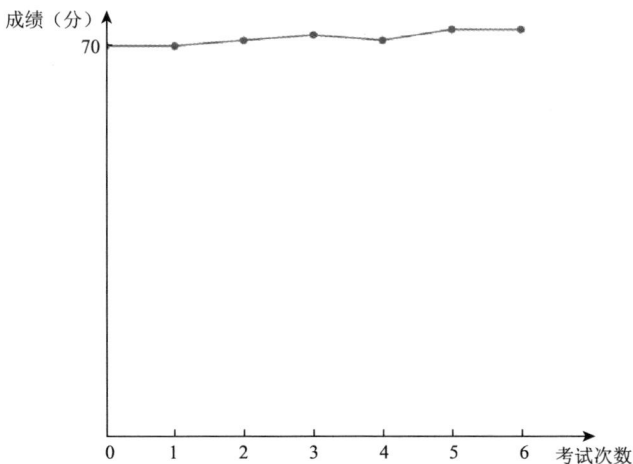

图 2-17　成绩折线图 1

　　妈妈收到的是图 2-18。图 2-18 的 y 轴折叠了小于 70 分的部分,此时成绩看上去变化幅度很大。所以小明妈妈认为孩子的成绩进步很大。

看统计图形时，一定要注意坐标轴数量级，否则会得出不同的结论。

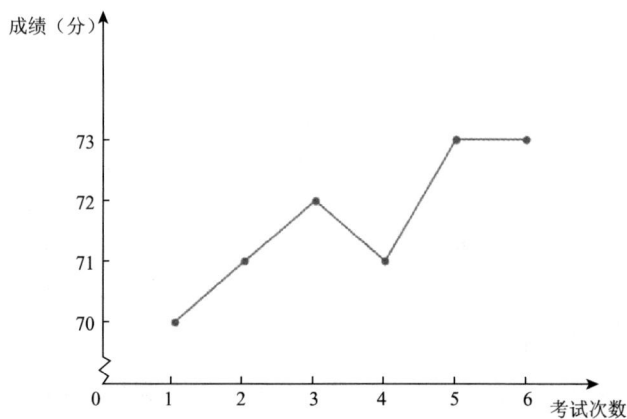

图 2-18　成绩折线图 2

第三篇　统计进阶

第一部分　参数估计

预备知识

1. 矩估计

用样本的矩去估计总体的相应的矩。

2. 样本均值的分布

若总体 X 服从正态分布 $N(\mu, \sigma^2)$，$X_1, X_2, \cdots, X_n$ 为来自总体的样本，则样本均值服从期望为 μ，方差为 σ^2/n 的正态分布 $N(\mu, \sigma^2/n)$。

3. 总体的矩

总体的 k 阶原点矩 $\mu_k = E(X^k)$；

总体的 k 阶中心矩 $v_k = E[X - E(X)]^k$。

总体的 1 阶原点矩为随机变量 X 的数学期望，总体的 2 阶中心矩为总体的方差。

4. 样本的矩

样本的 k 阶原点矩 $A_k = \dfrac{1}{n}\sum\limits_{i=1}^{n} x_i^k = \dfrac{1}{n}(x_1^k + x_2^k + \cdots + x_n^k)$；

样本的 k 阶中心矩 $B_k = \dfrac{1}{n}\sum\limits_{i=1}^{n} (x_i - \bar{x})^k = \dfrac{1}{n}\big[(x_1 - \bar{x})^k +$

$(x_2 - \bar{x})^k + \cdots + (x_n - \bar{x})^k]$ ，其中 $\bar{x} = \dfrac{x_1 + x_2 + \cdots + x_n}{n}$ 。

样本的 1 阶原点矩为样本的均值，样本的二阶中心矩为

$$B_2 = \frac{1}{n} \sum_{i=1}^{n} (x_i - \bar{x})^2 = \frac{1}{n} [(x_1 - \bar{x})^2 + (x_2 - \bar{x})^2 + \cdots + (x_n - \bar{x})^2]$$

样本的二阶中心矩和样本方差的关系是 $nB_2 = (n-1)S^2$ 。

01　基金的年收益率的中位数

某种基金的年收益率是具有分布函数 F 的连续型随机变量。分布函数 F 及分布的中位数未知，现有如下数据：18.2% ,9.5% ,12% ,21.1% ,10.2% ,那么分布函数 F 的年收益率的中位数的估计是多少呢？

❖ 背景

基金的历年的年收益率加起来除以年数，就是平均收益。对该基金所有的年收益率进行排序，中位数为前后各占 50% 的那个数。这样更客观地代表了基金的平均年收益率。

❖ 矩估计的思想

替换原理：用样本的矩去估计总体的相应的矩。其理论基础是辛钦大数定理。这也就意味着我们可以用样本的 k 阶原点矩去估计总体的 k 阶原点矩。用样本的 k 阶中心矩去估计总体的 k 阶中心矩，用样本的中位数去估计总体的中位数。

❖ 分析

根据矩估计的原理,总体的中位数可以用样本的中位数去估计,所以只需求出样本的中位数即可。中位数的计算公式:如果有 n 个数 $x_1, x_2, \cdots, x_n$,若 n 为偶数,中位数为 $[x_{(n/2)} + x_{(n/2+1)}]/2$;若 n 为奇数,则中位数为 $x_{(n+1)/2}$ 。

将 5 个数从小到大排列,为 9.5% ,10.2% ,12% ,18.2% ,21.1% 。根据中位数的公式,样本容量为 5,中位数就是第 3 个数,样本的中位数为 12,因此分布函数 F 的年收益率的中位数的估计是 12。

02　用有限的数据预测无限的未来

上面我们求出了中位数的估计,但一支新成立的基金只有 5 年的年收益率,那么如何判断它是否值得投资? 可能单看收益率的中位数满意了,但是还会有这样的担心:中位数有代表性吗? 它稳定吗? 会不会随着时间的推移变化很多呢? 如何衡量一个估计量的稳定性? 自然是要用到方差。

案例 1　某种基金的年收益率是具有分布函数 F 的连续型随机变量。分布函数及其中位数未知,现有如下数据:18.2% ,9.5% ,12% ,21.1% ,10.2% ,使用 bootstrap 方法❶求 F 的中位数的标准误差。

首先解释标准误差和标准差。

---

❶　bootstrap 出自短语"to pull oneself by one's bootstrop",即"拎着自己鞋上的鞋带把自己拉起来。"这个方法也被称为自助法,它非常重要。当我们研究某个问题而数据不多时,可以不依靠外力,只是利用已有的数据,通过重复抽样的方法,得到大量数据,从而自力更生。

标准误差用于衡量样本均值和总体均值的差距,用于预测样本数据准确性,标准误差越小,样本均值和总体均值(期望)差距越小,样本数据越能代表总体数据。对一个总体多次抽样,每次抽样样本容量相同,每个样本都有自己的均值,这些均值的标准差叫作标准误差。

比如,对于同一个总体,每次抽 5 个,抽样 5 次得到样本数据为:$[9.5\%, 18.2\%, 10.2\%, 10.2\%, 9.5\%]$,$[18.2\%, 12\%, 21.1\%, 12\%, 18.2\%]$,$[10.2\%, 21.1\%, 21.1\%, 12\%, 18.2\%]$,$[12\%, 9.5\%, 21.1\%, 9.5\%, 9.5\%]$,$[18.2\%, 9.5\%, 10.2\%, 18.2\%, 21.1\%]$。

分别计算这 5 个样本的样本均值为 $11.52\%, 16.3\%, 16.52\%, 12.32\%, 15.44\%$,用 $\bar{x}_1, \bar{x}_2, \cdots, \bar{x}_5$ 表示,再计算这 5 个样本均值的均值为 $\bar{x} = (11.52 + 16.3 + 16.52 + 12.32 + 15.44)/5 = 14.42$,则样本均值的标准差为 $\sqrt{\dfrac{1}{4}\left[(\bar{x}_1 - \bar{x})^2 + (\bar{x}_2 - \bar{x})^2 + \cdots + (\bar{x}_5 - \bar{x})^2\right]} = 2.334781$,这就是标准误差。

标准差是单次抽样得到的,标准差表示的是数据的离散程度,即数据偏离均值的程度,表示数据本身的变异性。而标准误差表示单个统计量在多次抽样中呈现出的变异性,表示的是抽样行为的变异性。

但是抽样一次就很麻烦了,反复抽样若干次,如上百次,就得花大量的时间抽样。为解决这个问题,可以用单次抽样得到的标准差估计多次抽样才能得到的标准误差,这是一种思路;也可以采用 bootstrap 方法进行重抽样。这种重抽样方法是针对数据比较少时,判断估计量是否稳定,即它的标准误差是多少。

自助法是 1979 年由 Efron 提出的一种重抽样方法。该方法不需要对模型作任何假设，比如，服从什么分布，数字特征是多少。甚至于参数的估计量形式是不是很复杂这种问题，也都不在考虑的范围内。

本质上，自助法是将一次的估计过程，重复上千次、上万次，从而得到上千个甚至上万个估计值，可以利用这些估计值来估计参数。

它的原理是对观测信息（数据）进行再抽样，进而对总体的分布特性进行统计推断，具有稳健性和效率高的特点。随着计算机技术的日益广泛的应用，自助法越来越受欢迎，尤其是在机器学习领域。

案例 2　求参数 θ 的中位数估计的标准误差。如果手动进行的话，可以这样完成 20 次抽样。首先将这 5 个数写在 5 张纸上，做成纸团放进箱子中，再从箱子中有放回地取 5 次。即取出一个纸团，记录上面的数字，然后放回箱子中。再取一次，依次进行下去，一共取 5 次完成了一个抽样。重复进行 20 次得到 20 个样本。当然重复的次数越多越好。对每次抽样的 5 个数据找出其中位数，最后求 20 个中位数的样本标准差，就是总体中位数的估计的标准误差。重抽样过程如图 3-1 所示。

根据样本偏差的公式，使用 Excel 计算 20 组数据的中位数、离均差和离均差的平方，如表 3-1 所示。

第一列是 20 个中位数，它们的均值为 14.445% 。第二列是 20 个中位数分别减去均值 14.445% ，第三列是第二列的平方，对第三列的数据求和就是偏差平方和，为 238.8095。然后除以（20 − 1）就得到样本方差为 238.8095/19 ≈ 12.56892，最后求它的算数平方根，即 $S = \sqrt{12.56892} \approx 3.545267$ 。

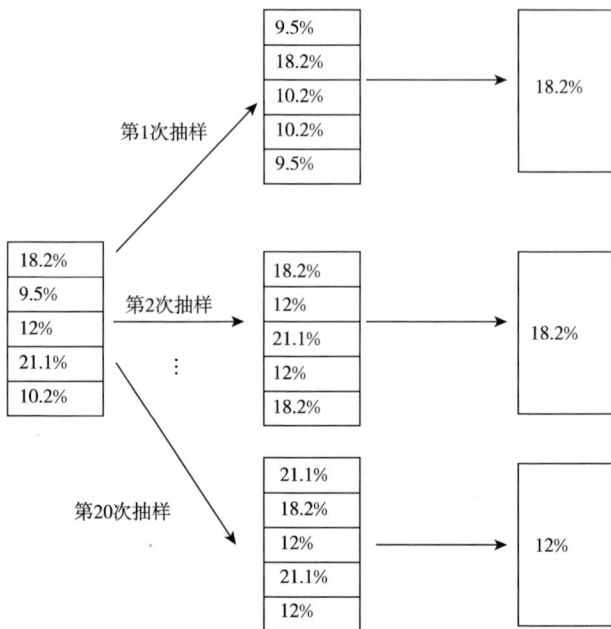

图 3-1　重抽样 20 次

表 3-1　Excel 计算结果

中位数（%）	离均差（%）	离均差的平方
18.2	3.755	14.10003
18.2	3.755	14.10003
18.2	3.755	14.10003
21.1	6.655	44.28903
12	−2.445	5.978025
10.2	−4.245	18.02003
12	−2.445	5.978025
18.2	3.755	14.10003
10.2	−4.245	18.02003

续表

中位数(%)	离均差(%)	离均差的平方
12	-2.445	5.978025
12	-2.445	5.978025
18.2	3.755	14.10003
12	-2.445	5.978025
18.2	3.755	14.10003
12	-2.445	5.978025
12	-2.445	5.978025
18.2	3.755	14.10003
12	-2.445	5.978025
12	-2.445	5.978025
12	-2.445	5.978025

也可以借助于 Excel 中的标准差命令来计算。路径为公式—其他函数—统计—STDEV. S,得到样本中位数的标准误差为 3.545264416,如图 3-2 所示。STDEV. S 是求数据的标准差,而 STDEV. P 是求数据的二阶中心矩的算数平方根。

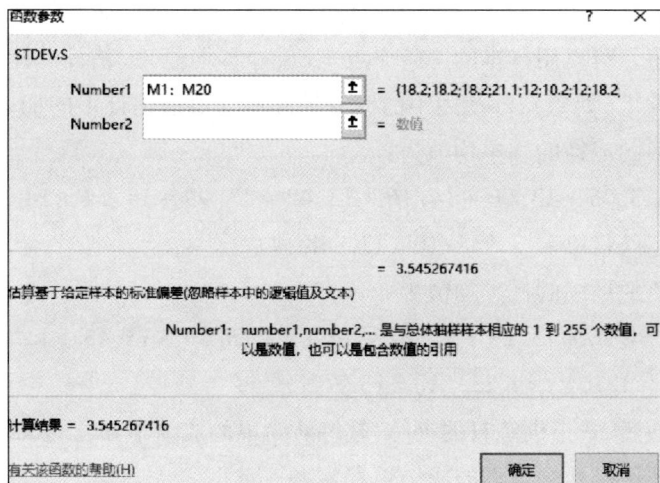

图 3-2 使用 Excel 求标准差

如果嫌手工抽取麻烦，可以借助于计算机编程来得到这 20 次抽样的结果。

03　哪个运动员的成绩更好

已知 110m 跨栏的成绩服从正态分布，期望 μ 未知。运动员甲在 10 个训练日的训练成绩（把全天的成绩平均得到该日的平均，单位：秒）为 13.75，13.96，14.16，13.42，13.99，14.54，14.23，13.86，14.12，13.45。运动员乙在 10 个训练日的训练成绩（单位：秒）为 14.96，13.29，13.67，14.02，13.56，13.48，13.45，13.32，13.64，14.23。教练对他们两个的期望成绩为多少？

对于两个运动员来说，成绩服从正态分布，但是期望未知，如何估计两个运动员的水平呢？可以使用矩估计的方法来估计运动员的成绩的期望值。

矩估计是用样本的矩去估计总体的相应的矩，这就是矩估计的思想。可以用样本的一阶原点矩（或样本均值）去估计总体的一阶原点矩（期望），即使用甲的成绩的样本均值取估计甲的期望值。计算甲的成绩的样本均值为：

（13.75 + 13.96 + 14.16 + 13.42 + 13.99 + 14.54 + 14.23 + 13.86 + 14.12 + 13.45）/10 = 13.948 秒

乙的成绩的样本均值为：

（14.96 + 13.29 + 13.67 + 14.02 + 13.56 + 13.48 + 13.45 + 13.32 + 13.64 + 14.23）/10 = 13.762 秒

通过 10 个训练日的训练，教练认为甲的成绩不如乙的成绩。

那甲乙两个人谁的成绩更稳定呢？此时考虑总体的方差。根据矩估计，使用样本的二阶中心矩估计总体的二阶中心矩（方差），方差越小成绩越稳定。

计算甲成绩的二阶样本中心矩,代入数据计算得:

$[(13.75-13.948)^2+(13.96-13.948)^2+(14.16-13.948)^2+(13.42-13.948)^2+(13.99-13.948)^2+(14.54-13.948)^2+(14.23-13.948)^2+(13.86-13.948)^2+(14.12-13.948)^2+(13.45-13.948)^2]/10=0.108016$

乙成绩的二阶样本中心矩为:

$[(14.96-13.762)^2+(13.29-13.762)^2+(13.67-13.762)^2+(14.02-13.762)^2+(13.56-13.762)^2+(13.48-13.762)^2+(13.45-13.762)^2+(13.32-13.762)^2+(13.64-13.762)^2+(14.23-13.762)^2]/10=0.237996$

也可以使用 Excel 可计算二阶样本中心矩的算数平方根,使用的命令为 STDEV.P,路径为:公式—其他函数—统计—STDEV.P,得到二阶样本中心矩的算数平方根为 0.328657877,因此二阶样本中心矩为 0.108016,如图 3-3 所示。

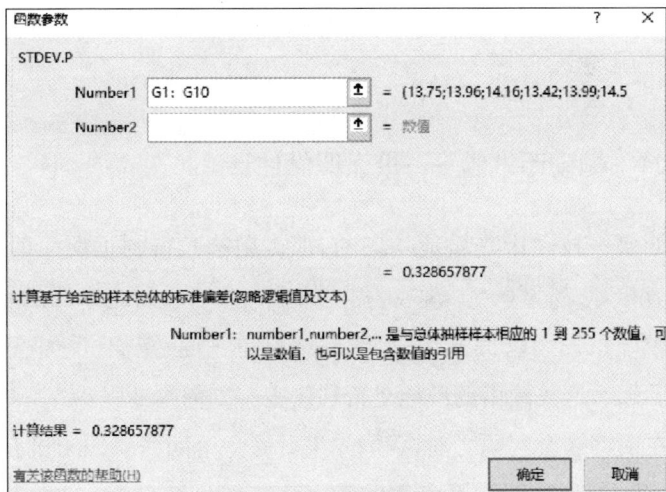

图 3-3 甲的成绩的标准差

　　同理可计算乙的二阶样本中心矩的算数平方根为 0.487848337，二阶样本中心矩为 0.237996，如图 3-4 所示。

　　由二阶样本中心矩估计总体的方差，所以甲的成绩的方差为 0.108016，乙的成绩的方差为 0.237996。甲的成绩要比乙稳定些。

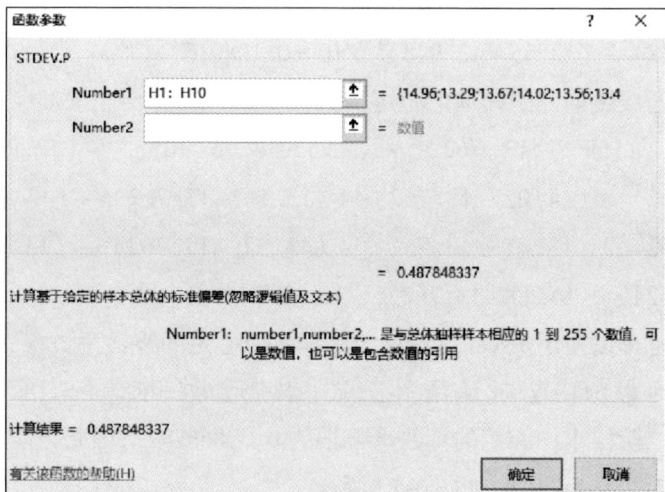

图 3-4　乙的成绩的标准差

04　抛硬币试验——极大似然估计

　　如果一枚硬币是质地均匀的，那么抛掷其得到正反面朝上的概率应相等，都为 0.5。现在，我们的手中有一枚质地未知的硬币，将这枚硬币连续抛掷五次，得到的结果是正面、正面、反面、正面、正面。那么这枚硬币的质地是否均匀呢？如何判断呢？

　　在回答这个问题之前，我们先来看另一个问题。袋子里有 100 个球，球有两种颜色，黑色和白色。已知袋子里有 99 个球是一种颜色,剩下的 1 个球是另一种颜色。现在从袋子里任意取出一个球,发现是黑色的,那么袋子里究竟是有 99 个黑球还是 99 个白球呢?如果袋子里有 99 个白球,那么从袋子里任取一球是黑球的概率为 1/100。相反,如果袋子里有 99 个黑球,那么从袋子里任取一球是黑球的概率为 99/100。只是取了一次球,取出的就是黑色的球,那么袋子里有 99 个黑球这个结论使得"随机取一次球,取出的就是黑色的球"这个事件发生的概率最大,因此我们认为袋子里有 99 个黑球。

极大似然估计方法就是选取参数 θ,使得某事件发生的概率最大。设硬币正面向上的概率为 p,五次抛掷后出现了正面、正面、反面、正面、正面的结果,那么这个事件发生的概率为:$y = P(正面) \times P(正面) \times P(反面) \times P(正面) \times P(正面) = p^4(1-p)$。

把函数 $y = p^4(1-p)$ 的图像画出来,如图 3-5 所示。

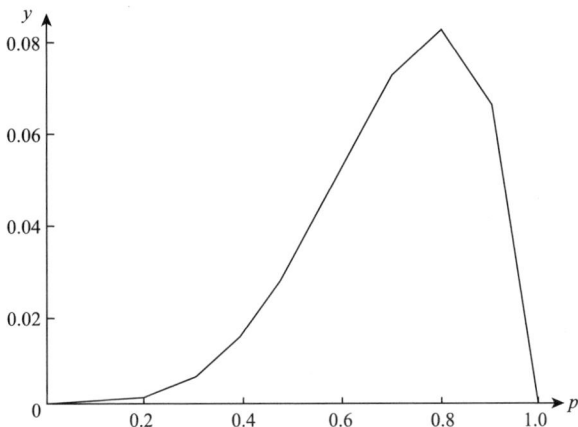

图 3-5 函数图像

从图 3-5 可以看出,当 $p = 0.8$ 时,函数取得最大值,所以为了使事件"出现了正面、正面、反面、正面、正面这个结果"在一次试验中发生的概率最大,正面向上的概率应为 0.8,从而看出这枚硬币是不均匀的。

具体的数值计算结果如表 3-2 所示,也可以看出 $p = 0.8$。

表 3-2　计算结果

p 值	y 值
0	0
0.1	0.00009
0.2	0.00128
0.3	0.00567
0.4	0.01536
0.5	0.03125
0.6	0.05184
0.65	0.062477
0.7	0.07203
0.75	0.079102
0.8	0.08192
0.85	0.078301
0.9	0.06561
0.95	0.040725
1	0

05　电动汽车的续航里程——区间估计

随着环保意识的增强、国家政策的鼓励以及汽油价格的走高,新能源汽车走进了人们的视线。选购燃油车的消费者关心油耗,而选购新能源车的消费者则关心车辆的续航里程,也就是充满电汽车到底能跑多少公里。毕竟充电时间比较长,且充电桩不像加油站一样随处可见,万一汽车没电了,就会抛锚在半路上。因此,续航里程无疑成了影响客户购车的关键指标。

假设某品牌某型号的纯电动汽车的续航里程服从正态分布,方差为100。从该品牌的电动汽车中抽取9辆,测得续航里程(单位:km)数据为317,302,299,328,290,300,362,314,340,那么该型号的电动汽车的期望续航里程为多少?

这个问题是要求对电动汽车的期望续航里程做出估计。对所有的数据求平均值,得到期望续航里程的估计值,这是点估计。使用矩估计和极大似然估计的方法得到的估计值都是点估计。我们现在考虑区间估计,即给出期望续航里程的估计区间。

对于区间估计来说,如果给出的估计区间太长,则区间的精度太低。如果给出的估计区间太短,虽然精度很高,但是可信度就不高了。比如,估计一个大一学生的年龄,区间为(10,30),这个区间非常可信,但是它的精度太低,区间长度太大。若区间为(18,18.5),这个区间精度可以,但是可信度却不太高。所以对于区间估计来说,既要求精度高,又要求可信度高,只有提高样本容量这一条路可走。但在现实中,不可能无限制地提高样本容量,此时在精度和可信度两个问题上,不能周全。区间估计是把可信度固定在一定水平上,如95%,从而使精度尽可能高,这是区间估计的思想。

在电动汽车的续航里程问题中,希望得到期望续航里程的区间估计,即对正态总体的期望做区间估计。样本均值是总体期望的无偏估计(样本均值的期望为总体的期望μ),无偏估计的意思是样本均值的取值在期望μ的真值周围摆动。可以以样本均值作为中心,考虑 μ 的区间估计,可信度取为 95%。即总体期望 μ 落入待求的区间的概率为 0.95。

由正态分布的性质,随机变量的取值落在以 μ 为中心,左右 1.96 倍的标准差的概率为 0.95,即 $P(\mu - 1.96\sigma < X < \mu + 1.96\sigma) = 0.95$。这个结果是怎么得出的呢? 首先在不等式两边同时减去 μ,然后除以 σ,即把 X 标准化。

$$P(\mu - 1.96\sigma < X < \mu + 1.96\sigma) = P\left(-1.96 < \frac{X - \mu}{\sigma} < 1.96\right)$$

再由标准正态分布的计算公式,有 $P(\mu - 1.96\sigma < X < \mu + 1.96\sigma) = 2\Phi(1.96) - 1$。$\Phi(1.96)$ 为标准正态分布的分布函数在 $x = 1.96$ 处的值,可以使用 Excel 求出。在 Excel 的空白单元格处输入" $= \text{NORM.S.DIST}(1.96, 1)$",回车后得到结果 0.975,代入上面的式子中,得 $P(\mu - 1.96\sigma < X < \mu + 1.96\sigma) = 2 \times 0.975 - 1 = 0.95$。

总体为正态分布 $N(\mu, \sigma^2)$,样本均值的分布是期望为 μ,方差为 σ^2/n 的正态分布。取可信度为 95%,则样本均值落在以 μ 为中心,左右 1.96 倍的标准差的概率为 0.95,即 $P\left(\mu - 1.96\frac{\sigma}{\sqrt{n}} < \bar{X} < \mu + 1.96\frac{\sigma}{\sqrt{n}}\right) = 0.95$,从而有 $P\left(\bar{X} - 1.96\frac{\sigma}{\sqrt{n}} < \mu < \bar{X} + 1.96\frac{\sigma}{\sqrt{n}}\right) = 0.95$,因此 μ 的置信区间为 $\left(\bar{X} - 1.96\frac{\sigma}{\sqrt{n}}, \bar{X} + 1.96\frac{\sigma}{\sqrt{n}}\right)$。

经过计算可知,样本均值为 $(317 + 302 + 299 + 328 + 290 + 300 + 362 + 314 + 340)/9 = 316.8889$,则期望续航里程 μ 的 95% 的置信区间为:$(316.8889 - 1.96 \times 10/3, 316.8889 + 1.96 \times 10/3) = (310.35, 323.42)$。

注:此部分内容的公式详见第一篇第二部分的预备知识。为什么是 1.96? 因为标准正态分布的 95% 分位数为 1.96,可在 Excel 的空白单元格处使用命令" = NORM. S. INV(0.975)",回车后得到结果 1.959963985。

06　能语音输入的鼠标——区间估计

鼠标是一种常用的电脑输入设备,它可以对当前屏幕上的游标进行定位,并通过按键和滚轮装置对游标所经过位置的屏幕元素进行操作。当我们使用电脑浏览新闻、制作文档等时,都离不开鼠标。但是长期使用鼠标,容易出现手部疲劳,甚至得"鼠标手"。为了解决这个问题,出现了智能语音鼠标,通过语音来控制鼠标移动,可以让人工作效率提升百倍。

为了检验鼠标语音识别的准确率,抽查了 16 个语音鼠标,检查其语音识别的准确率数据:94.02%,95.76%,93.21%,97.56%,92.59%,94.15%,93.67%,95.36%,97.34%,96.19%,91.93%,92.37%,95.93%,94.48%,96.11%,95.47%。假设语音识别的准确率服从正态分布,那么鼠标语音识别的期望准确率为多少?

这个问题是要求对鼠标的语音识别的准确率做出估计。样本均值是总体期望的无偏估计(样本均值的期望为总体的期望 μ),无偏估计的意思是样本均值的取值在期望 μ 的真值周围摆动。可以以样本均值作为中心,考虑 μ 的区间估计,可信度取为 95%。即总体期望 μ 落入待求的区间的概率为 0.95。因为正态分布的方差未知,再使用正态分布作为统计量不合适,可以使用 t 分布。而 t 分布的密度函数图像和标准正态分布的密度函数图像非常接近,性质也类似(注：t 分布的定义及性质详见下一部分假设检验的预备知识)。

总体为正态分布 $N(\mu, \sigma^2)$，样本均值的分布是期望为 μ，方差为 σ^2/n 的正态分布。取可信度为 95%，则样本均值落在以 μ 为中心，左右 1.96 倍的标准差的概率为 0.95。t 分布的性质也有类似的，同样有样本均值落在以 μ 为中心，左右各 2.13145 倍的标准误差 $\dfrac{S}{\sqrt{n}}$ 的区间的概率为 0.95，即：

$$P\left(\mu - 2.13145\,\frac{S}{\sqrt{n}} < X < \mu + 2.13145\,\frac{S}{\sqrt{n}}\right) = 0.95$$

从而有：

$$P\left(\overline{X} - 2.13145\,\frac{S}{\sqrt{n}} < \mu < \overline{X} + 2.13145\,\frac{S}{\sqrt{n}}\right) = 0.95$$

因此 μ 的置信区间为 $\left(\overline{X} - 2.13145\,\dfrac{S}{\sqrt{n}}, \overline{X} + 2.13145\,\dfrac{S}{\sqrt{n}}\right)$。

计算样本均值为：

$(94.02 + 95.76 + 93.21 + 97.56 + 92.59 + 94.15 + 93.67 + 95.36 + 97.34 + 96.19 + 91.93 + 92.37 + 95.93 + 94.48 + 96.11 + 95.47)/16 = 94.75875$

样本方差为：

$[(94.02 - 94.75875)^2 + (95.76 - 94.75875)^2 + (93.21 - 94.75875)^2 + (97.56 - 94.75875)^2 + (92.59 - 94.75875)^2 + (94.15 - 94.75875)^2 + (93.67 - 94.75875)^2 + (95.36 - 94.75875)^2 + (97.34 - 94.75875)^2 + (96.19 - 94.75875)^2 + (91.93 - 94.75875)^2 + (92.37 - 94.75875)^2 + (95.93 - 94.75875)^2 + (94.48 - 94.75875)^2 + (96.11 - 94.75875)^2 +$

$(95.47 - 94.75875)^2] / 15 = 2.974358$，标准差为样本方差的算数平方根，为 1.7246。

使用 Excel 中的公式—其他函数—统计—STDEV. S，同样可以计算样本方差的平方根。则鼠标语音识别正确率的 95% 的置信区间为：

$(94.75875 - 2.14145 \times 1.7246 / 4, 94.75875 + 2.14145 \times 1.7246 / 4) = (93.8355, 95.6820)$。

为什么是 2.13145？因为统计量 $\dfrac{\overline{X} - \mu}{S / \sqrt{n}}$ 服从自由度为 $n-1$ 的 t 分布。$t_{1-\frac{\alpha}{2}}(n-1) = t_{0.975}(15) = 2.13145$ 为 t 分布的分位数。可在 Excel 的空白单元格处使用命令"$= T. INV (0.95, 15)$"，点击回车后得到的结果为 2.13145。

第二部分 假设检验

预备知识

1. 常用的统计量

统计量指的是不含未知参数的样本的函数。

设 $(X_1, X_2, \cdots, X_n)$ 是来自总体 X 的样本，下面介绍一些常用的统计量。

样本均值：$\overline{X} = \dfrac{1}{n} \sum\limits_{i=1}^{n} X_i$；

样本方差：$S^2 = \dfrac{1}{n-1} \sum\limits_{i=1}^{n} (X_i - \overline{X})^2$；

样本标准差：$S = \sqrt{S^2} = \sqrt{\dfrac{1}{n-1} \sum\limits_{i=1}^{n} (X_i - \overline{X})^2}$；

样本 k 阶原点矩：$A_k = \dfrac{1}{n} \sum\limits_{i=1}^{n} X_i^k$；

样本二阶中心矩：$B_2 = \dfrac{1}{n} \sum\limits_{i=1}^{n} (X_i - \overline{X})^2$。

设总体 X 数学期望及方差存在，且 $EX = \mu$，$DX = \sigma^2$，$(X_1, X_2, \cdots, X_n)$ 是来自总体 X 的样本，则 $E(\overline{X}) = \mu$，$D(\overline{X}) = \dfrac{\sigma^2}{n}$，$E(S^2) = \sigma^2$。

2. 正态总体导出的抽样分布

（1）χ^2 分布

①定义

设随机变量 $X_1, X_2, \cdots, X_n$ 相互独立，且 $X_i \sim N(0,1)$（$i = 1, 2, \cdots, n$），则称随机变量 $\chi^2 = X_1^2 + X_2^2 + \cdots + X_n^2$ 服从自由度为 n 的 χ^2 分布，记为 $\chi^2 \sim \chi^2(n)$。

②分位数

如果 $\chi^2 \sim \chi^2(n)$，在给定自由度 n 及数 α（$0 < \alpha < 1$）的情况下，满足 $P\{\chi^2 < \chi_\alpha^2(n)\} = \int_0^{\chi_\alpha^2(n)} f_{\chi^2}(x)dx = \alpha$ 的 $\chi_\alpha^2(n)$ 称为 χ^2 分布的 α 临界值（或左侧 α 分位数）。

（2）t 分布

①定义

设随机变量 X 与 Y 相互独立，且 $X \sim N(0,1)$，$Y \sim \chi^2(n)$，则称 $t = \dfrac{X}{\sqrt{Y/n}}$ 服从自由度为 n 的 t 分布，记为 $t \sim t(n)$。

②分位数

如果 $t \sim t(n)$，在给定自由度 n 及数 α（$0 < \alpha < 1$）的情况下，满足 $P\{t < t_\alpha(n)\} = \int_{-\infty}^{t_\alpha(n)} f_t(x)dx = \alpha$ 的 $t_\alpha(n)$ 称为 t 分布的 α 临界值（或左侧 α 分位数）。根据密度函数为偶函数，得到 $t_{1-\alpha}(n) = -t_\alpha(n)$。当自由度 n 非常大时，t 分布的密度函数图像和标准正态分布的密度函数图像几乎重合。

3. F 分布

①定义

设随机变量 X 与 Y 相互独立, 且 $X \sim \chi^2(n)$, $Y \sim \chi^2(m)$, 则称 $F = \dfrac{X/n}{Y/m}$ 服从第一自由度为 n, 第二自由度为 m 的 F 分布, 记为 $F \sim F(n, m)$。

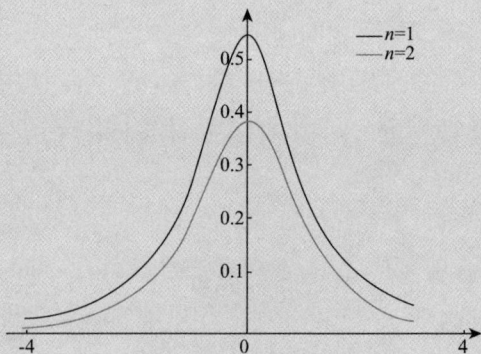

②分位数

如果 $F \sim F(n, m)$, 给定自由度 n, m 及数 α $(0 < \alpha < 1)$ 的情况下, 满足 $P\{F < F_\alpha(n, m)\} = \int_0^{F_\alpha(n, m)} f_F(x) \, dx = \alpha$ 的 $F_\alpha(n, m)$ 称为 F 分布的 α 临界值(或左侧 α 分位数)。

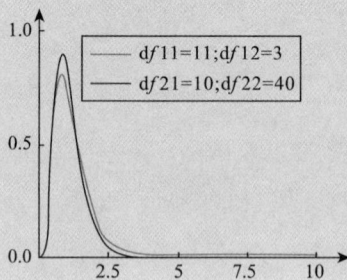

4. 由正态总体导出的抽样分布

（ⅰ）设总体 $X \sim N(\mu, \sigma^2)$，$(X_1, X_2, \cdots, X_n)$ 是来自总体 X 的样本，$\overline{X}$ 是样本均值，则：

$$\overline{X} \sim N\left(\mu, \frac{\sigma^2}{n}\right)，Z = \frac{\overline{X} - \mu}{\sigma/\sqrt{n}} \sim N(0,1)；$$

$$\frac{(n-1)S^2}{\sigma^2} \sim \chi^2(n-1)；$$

$$\frac{\overline{X} - \mu}{S/\sqrt{n}} \sim t(n-1)。$$

（ⅱ）设 $(X_1, X_2, \cdots, X_m)$ 是来自总体 $X \sim N(\mu_1, \sigma_1^2)$ 的样本，$(Y_1, Y_2, \cdots, Y_n)$ 是来自总体 $Y \sim N(\mu_2, \sigma_2^2)$ 的样本，且两样本相互独立，$\overline{X}$，$\overline{Y}$，S_1^2，S_2^2 分别为两个样本的样本均值和样本方差，则有：

$$Z = \frac{\overline{X} - \overline{Y} - (\mu_1 - \mu_2)}{\sqrt{\dfrac{\sigma_1^2}{m} + \dfrac{\sigma_2^2}{n}}} \sim N(0,1)；$$

当 $\sigma_1^2 = \sigma_2^2 = \sigma^2$ 时，有：

$$t = \frac{\overline{X} - \overline{Y} - (\mu_1 - \mu_2)}{S_w \sqrt{\dfrac{1}{m} + \dfrac{1}{n}}} \sim t(m+n-2)，$$

其中 $S_w = \sqrt{\dfrac{(m-1)S_1^2 + (n-1)S_2^2}{m+n-2}}$；

$$F = \frac{S_1^2/\sigma_1^2}{S_2^2/\sigma_2^2} \sim F(m-1, n-1)。$$

5.无偏估计

对参数 θ 的估计量求期望，等于 θ，则称该估计量为 θ 的无偏估计。比如，样本均值是总体期望的无偏估计，样本方差是总体方差的无偏估计。

6.假设检验

某制药厂研发了治疗失眠的安眠药，宣称该安眠药的有效率为90%。对于这个消息，很多医生持怀疑态度。那么如何知道该安眠药的有效率能否达到90%呢？可以找 100 个失眠症患者，让其服用该安眠药，治疗一个疗程后统计患者的睡眠时间，从而判断制药厂的安眠药有效率是否达到90%。这就需要假设检验来完成这个问题。那么假设检验需要哪些步骤呢？

假设检验需要五个步骤：

第一，确定要进行检验的统计假设；

第二，选择检验统计量；

第三，确定拒绝域；

第四，计算统计量的值，判断样本观测值是否落入拒绝域，或者计算 p 值（尾概率），对 p 值与显著性水平进行比较；

第五，给出结论。

01　确定统计假设

"二战"期间，某国的物资特别短缺，尤其是粮食。为了应对粮食危机，某国政府实行面包配给制：面粉由政府统一管理，由指定的面包房领取面粉，制作面包，烤好后发给居民。同时，政府规定每次发的面包为 400g,统一标准。

　　该国的一位统计学家每天去面包房领取面包,但是过了一段时间他觉得领取的面包有大有小,似乎与政府规定的面包重量不相符。于是他把后来一个月领取的面包的重量记录下来,然后分析该面包房的面包是否缺斤少两。

　　假设面包重量服从正态分布,因为模具和称重等原因,不可能面包的重量和400g 完全一致,但是如果面包房没有缺斤少两,那么一个月内面包的平均重量和400g 之间的差距应该非常小。如果差距太大,就可以认为面包房的面包缺斤少两。

　　进行假设检验的第一步就是做出统计假设。统计假设包括两个相互对立的假设:原假设和备择假设,分别用 H_0 和 H_1 表示。这两个统计假设只能有一个是正确的。要么接受原假设,认为原假设是正确的;要么拒绝原假设,认为原假设是错误的。

　　现在要研究面包房的面包是否缺斤少两,做出统计假设。若没有证据,我们就没有理由认为面包房的面包是缺斤少两的,这是出于对人的信任,因为绝大多数人都是诚实守信的。所以原假设 H_0 为面包房的面包的平均重量为 400g,备择假设为面包房的面包不符合要求,即平均重量不是 400g。

　　使用 μ 表示一个月面包重量服从的正态分布的期望,则原假设为 $\mu = 400$,备择假设为 $\mu \neq 400$。

　　假设检验的基本思想就是实际推断原理,即小概率事件在一次试验中几乎不可能发生。当然不是说一定不会发生,而是发生的概率非常小。比如,百年一遇的特大洪水,是不是说发生一次后一百年内都不再会发生呢? 不是的,是发生的概率非常小。如果小概率事件在一次试验中发生了,我们有理由认为所做的假设是不正确的,这就是假设检验的基本思想。假设检验就是基于概率判断结论是否正确的方法，也就是说，假设检验做出的结论有可能是错误的。

02　拒绝域

到底是原假设正确还是备择假设正确呢？拒绝域是数轴上的一个区域，只要样本观测值落入拒绝域，就拒绝原假设。如果样本观测值没有落入拒绝域，则接受原假设，落入了接受域，就认为原假设是正确的。

如果面包的重量在 400g 上下浮动，这是正常的，说明面包房没有克扣面粉。如果都小于 400g，肯定有问题。假设面包的重量服从期望为 μ，方差为 σ^2 正态分布。由正态分布的 3σ 原则，面包的重量应该集中在 400g 的左右 3σ 区域里。统计量里面可以估计总体期望的典型统计量为样本均值。因此若原假设是正确的，则面包的平均重量与 400g 之间的差距应该很小，相反差距应该比较大。用 W 表示拒绝域，$W = \{|\ |-400| < c\}$，c 未知，表示均值与 400g 间的差异。面包的平均重量落在拒绝域内，就拒绝原假设，认为面包房存在克扣面粉的行为，否则接受原假设。拒绝域如图 3-6 所示。箭头方向所指的两部分区域称为该问题的拒绝域。若样本观测值落入该区域，就拒绝原假设。两个箭头中间部分区域称为接受域，如果样本观测值落入这部分区域就接受原假设。当然，c 是需要另外求出的。

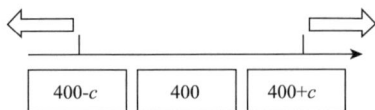

| 400-c | 400 | 400+c |

图 3-6　双侧拒绝域

图 3-6 的拒绝域为两部分,称为双侧拒绝域,即左右两部分都是拒绝域,无论样本观测值落入哪个区域,都拒绝原假设。除了双侧拒绝域,还有单侧拒绝域。即拒绝域只有一部分。只有左边区域的拒绝域,称为左侧拒绝域,如图 3-7 所示。只有右边区域的拒绝域,称为右侧拒绝域,如图 3-8 所示。

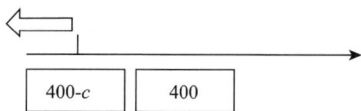

图 3-7 左侧拒绝域

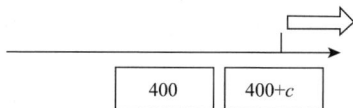

图 3-8 右侧拒绝域

到底使用双侧拒绝域还是单侧拒绝域,取决于备择假设。如果备择假设是不等于,则使用双侧拒绝域,即 $H_0 : \mu = 400$; $H_1 : \mu \neq 400$,检验的是是否发生变化,而不是增减。如果备择假设是小于,则使用左侧拒绝域,即 $H_0 : \mu \geqslant 400$; $H_1 : \mu < 400$,检验的是是否减少或降低。如果备择假设是大于,则使用右侧拒绝域,即 $H_0 : \mu \leqslant 400$; $H_1 : \mu > 400$,检验的是是否增加。

03 两类错误和显著性水平

假设检验问题做出的结论是不是一定正确呢?会不会犯错误呢?即使使用假设检验做出的结论也可能会犯错误。如果原假设是正确的,但是样本观测值落入了拒绝域,此时做出的结论是拒绝原假设，结论是错误的，这种错误称为第一类错误或者拒真。如果原假设是错误的，但是样本观测值却落入了接受域，此时做出的结论是接受原假设，结论也是错误的，这种错误称为第二类错误或者取伪。如果某人没有犯罪，却被当作犯罪嫌疑人审问，最后被法官宣判有罪，这就是第一类错误，属于冤假错案。若某人明明犯罪，却在律师的辩护下无罪释放，这就是第二类错误。

如果面包房的面包没有缺斤少两，但是通过计算检验统计量的值，发现样本观测值落入了拒绝域，则拒绝原假设，认为面包房的面包缺斤少两，克扣面粉，这就是第一类错误。如果面包房确实缺斤少两了，但是通过计算，发现样本观测值没有落入拒绝域，即落入了接受域，此时接受原假设，认为面包房没有缺斤少两，确实按照 400g 的标准制作面包，这就是第二类错误。

这两类错误发生的概率分别记为 α 和 β。可以证明，在样本容量固定的情况下，这两个概率是不能同时减少的。所以可以增加面包的个数，记录其重量，可能会得出更可靠的结果。或者在控制第一类错误的情况下，使第二类错误不要太大。

皮尔逊提出了显著性水平为 α 的显著性假设检验，控制第一类错误 α，但也不能使 α 过小，α 过小可能会引起 β 过大。当原假设成立，即面包房没有缺斤少两时，样本观测值落入拒绝的概率小于或等于显著性水平 α。第二类错误 β 得在备择假设中参数 μ 是具体数值时才能计算，如备择假设为 $\mu = 350$。

如果问题给出了显著性水平，直接使用即可，如果没有给出显著性水平，默认使用 0.05 作为显著性水平。

04 确定统计量

判断样本观测值是否落入拒绝域,需要先确定统计量。统计量是不含未知参数的样本的函数。检验统计量要根据原假设来给出。原假设为 $\mu = 400$,则统计量必须含有 μ。当然,μ 未知,所以当原假设成立时需要用 400 来代替。

已知总体服从正态分布,若是正态总体的方差 σ^2 已知,则统计量也得包括 σ,必须使用所有的已知量。此时可以使用 Z 统计量,即 $Z = \dfrac{\overline{X} - 400}{\sigma / \sqrt{n}}$,服从标准正态分布。

若是正态总体的方差 σ^2 未知,则使用 t 统计量,即 $t = \dfrac{\overline{X} - 400}{S / \sqrt{n}}$,服从自由度为 $n - 1$ 的 t 分布。

在"面包是否缺斤少两"的案例中,假设方差已知,且等于 9。则使用 Z 统计量,称为 Z 检验。Z 检验用来检验正态总体的方差已知时,期望 μ 的检验。

05 判断样本观测值是否落入拒绝域

在拒绝域那部分,我们看到拒绝域为 $W = \{ |\overline{X} - 400| > c \}$,原假设成立时,即面包房严格执行政府的标准时,样本均值与 400 的差异应该非常小。当样本均值与 400 的差异比较大时,此时面包房存在克扣面粉的现象。一般情况下,面包房应该是诚实守信,严格执行政府的规定的。所以认为面包房克扣面粉是个小概率事

件，即 $P(|\overline{X} - 400| > c) = \alpha$。

方法 1（使用标准正态分布的分位数）

当原假设成立时，样本均值服从期望为 400，方差为 σ^2/n 的正态分布，将样本均值标准化，有 $Z = \dfrac{\overline{X} - 400}{\sigma/\sqrt{n}}$ 服从标准正态分布。

将拒绝域 W 中不等号两边同时除以 $\sigma/\sqrt{n}$，完成标准化工作，有 $\left|\dfrac{\overline{X} - 400}{\sigma/\sqrt{n}}\right| > \dfrac{c}{\sigma/\sqrt{n}}$，将 Z 代入得：$|Z| > \dfrac{c}{\sigma/\sqrt{n}}$。由 $P(|\overline{X} - 400| >$

$c) = \alpha$，得到 $P\left(|Z| > \dfrac{c}{\sigma/\sqrt{n}}\right) = \alpha$。令 $\dfrac{c}{\sigma/\sqrt{n}} = Z_{1-\alpha/2}$，则 $c =$

$Z_{1-\alpha/2}\sigma/\sqrt{n}$，从而 $P(|Z| > Z_{1-\alpha/2}) = \alpha$。由上面推导过程知，拒绝域为 $W = \{|Z| > Z_{1-\alpha/2}\}$。双侧拒绝域如图 3-9 所示。

如果备择假设是小于，则其拒绝域只有左边，将 $\alpha/2$ 改为 α，即拒绝域为 $W = \{Z < Z_\alpha\}$，左侧拒绝域如图 3-10 所示。

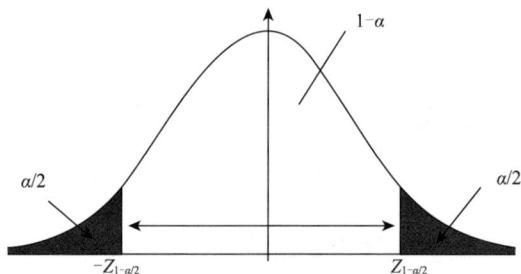

图 3-9 双侧拒绝域

如果备择假设是大于，则其拒绝域只有右边，将 $\alpha/2$ 改为 α，即拒绝域为 $W = \{Z > Z_{1-\alpha}\}$，右侧拒绝域如图 3-11 所示。

标准正态分布的分位数 Z_α 可通过 Excel 求出。标准正态分布的右侧 5% 分位数即左侧 95% 分位数为 1.644854，左侧 5% 分位数

为 -1.644854。使用的命令为" $=$ NORM. S. INV（0. 95）"和" $=$ NORM. S. INV（0. 05）"。

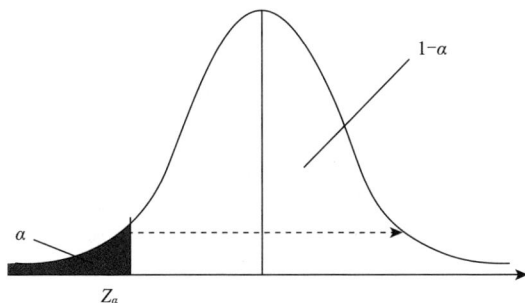

图 3-10 左侧拒绝域

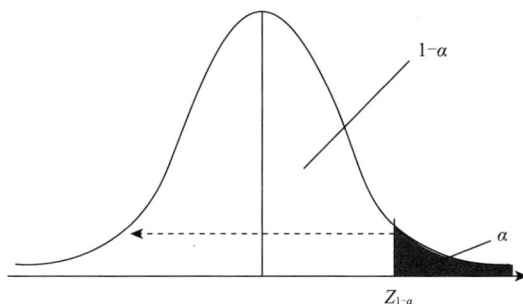

图 3-11 右侧拒绝域

方法 2（使用正态分布的分位数）

当原假设成立时，样本均值服从期望为 400，方差为 σ^2/n 的正态分布，将样本均值标准化，有 $Z = \dfrac{\overline{X} - 400}{\sigma/\sqrt{n}}$ 服从标准正态分布。

将拒绝域 W 中不等号两边同时除以 $\sigma/\sqrt{n}$，完成标准化工作，有：

$$P\left(\left| \frac{\overline{X} - 400}{\sigma/\sqrt{n}} \right| > \frac{c}{\sigma/\sqrt{n}} \right) = \alpha$$

令 $\dfrac{c}{\sigma/\sqrt{n}} = Z_{1-\alpha/2}$，则 $c = Z_{1-\alpha/2}\sigma/\sqrt{n}$。拒绝域变为 $|\overline{X}-400| > c = Z_{1-\alpha/2}\sigma/\sqrt{n}$，有 $\overline{X} > 400 + Z_{1-\alpha/2}\sigma/\sqrt{n}$ 或者 $\overline{X} < 400 - Z_{1-\alpha/2}\sigma/\sqrt{n}$。记 $Z_L = 400 - Z_{1-\alpha/2}\sigma/\sqrt{n}$，称为正态分布的左侧分位数，$Z_R = 400 + Z_{1-\alpha/2}\sigma/\sqrt{n}$ 称为正态分布的右侧分位数。该分位数可通过 Excel 求出。使用的命令为" $=$ NORM. INV（0. 95，400，3）"和" $=$ NORM. INV（0. 05，400，3）"可求出期望为 400，标准差为 3 的正态分布的 5% 右侧分位数 Z_R 为 404. 9346，左侧分位数 Z_L 为 395. 0694。

则拒绝域为：

双侧拒绝域。如果样本均值小于左侧分位数 Z_L 或者大于右侧分位数 Z_R，都拒绝原假设。在左右两个分位数 Z_L 和 Z_R 之间，接受原假设。

左侧拒绝域。如果样本均值小于左分位数 Z_L，拒绝原假设，否则接受原假设，此时 $Z_L = 400 - Z_{1-\alpha}\sigma/\sqrt{n}$。

右侧拒绝域。如果样本均值大于右分位数，拒绝原假设；否则接受原假设，此时 $Z_R = 400 + Z_{1-\alpha}\sigma/\sqrt{n}$。

06 面包房是否存在克扣面粉 1——双侧 Z 检验

假设一个月内统计学家得到的面包的重量分别为（单位为 g）：

393，408，400，392，390，400，395，401，402，398，401，398，403，408，392，399，390，395，406，389，404，395，396，391，403，402，397，395，399，410

假设总体服从正态分布,且方差为9,那么面包房是否存在克扣面粉的行为? 政府规定的面包的重量为400g。

已知总体为正态分布,且方差为9,则其标准差为3,即 $\sigma = 3$。30 个数据的样本均值为398.4,计算公式为 30 个数据相加然后除以 30,即 $\overline{X} = (393 + 408 + 400 + \cdots + 410)/30$。

(1)提出统计假设

我们没有足够理由证明面包房缺斤少两,所以原假设为面包房没有克扣面粉,即 $H_0 : \mu = 400$,备择假设为面包房确实存在克扣面粉的行为,即 $H_1 : \mu \neq 400$。

(2)进行检验

方法1

①选择统计量

因为正态总体的方差已知,选取 Z 作为检验统计量,这个问题属于 Z 检验。统计量为 $Z = \dfrac{\overline{X} - 400}{\sigma / \sqrt{n}}$,服从标准正态分布。

②给出拒绝域

因为备择假设为不等于,为双侧拒绝域,拒绝域为 $W = \{ |Z| > Z_{1-\alpha/2} \}$。

③计算统计量,给出结论

一共 30 个数据,$n = 30$,$Z = \dfrac{\overline{X} - 400}{\sigma / \sqrt{n}} = \dfrac{398.4 - 400}{3 / \sqrt{30}} = $ − 2.9212,Z 检验的5% 的双侧拒绝域的临界值为 $Z_{0.975} = 1.96$[临界值可使用 Excel 求出,在 Excel 的空白单元格处输入" = NORM. S. INV(0.975)",回车后得到的结果为1.959964,约等于1.96],统计量 Z 的绝对值为2.9212,大于临界值1.96。因此样本观测值落

入了拒绝域,拒绝原假设,认为面包房确实存在克扣面粉的现象。

方法 2

如果有读者认为上面的计算过程看不懂,我们还可以利用 Excel 直接计算。

样本均值服从期望为 400,方差为 9/30 的正态分布。在 Excel 中计算期望为 400,标准差为 $\sqrt{9/30}$ = 0.5477 的正态分布的 5% 的左右侧分位数。在 Excel 的空白单元格处输入" = NORM. INV (0.025,400,0.5477)",回车后得到的结果为 398.9265,即左侧分位数 Z_L 为 398.9265。输入" = NORM. INV(0.975,400,0.5477)",回车后得到的结果为 401.0735,即右侧分位数 Z_R 为 398.9265。将上面求出的样本均值 398.4 与左右两个分位数比较,发现小于左侧分位数 Z_L,落入拒绝域,拒绝原假设,认为面包房确实存在克扣面粉的现象。

注:样本均值服从期望为 400,方差为 9/30 的正态分布,一定不要忘记总体的方差除以样本观测值的个数才是样本均值的方差。

统计学家根据上面的分析,得出结论:面包房确实存在克扣面粉的行为。他拿着数据找面包房的人理论。在数据面前,面包房的人承认自己确实存在克扣面粉的行为。他们向统计学家道歉,并保证马上更换模具。

读者可以根据上面的过程,自行计算如果总体服从的正态分布的方差改变了,结论会不会变?比如,方差为 25,也就是标准差为 5 时,结论是什么?

07 检验的 p 值

在上一小节中,我们使用方法 1 来进行 Z 检验,检验的统计量
为 $Z = \dfrac{\overline{X} - 400}{\sigma / \sqrt{n}}$,服从标准正态分布,拒绝域为 $W = \{\,|Z| > Z_{\alpha/2}\,\}$。

计算统计量的值 $Z = \dfrac{\overline{X} - 400}{\sigma / \sqrt{n}} = \dfrac{398.4 - 400}{3 / \sqrt{30}} = -2.9212$,显

著性水平为 0.05,Z 检验的 5% 的双侧拒绝域的临界值为 $Z_{0.975} = 1.96$,统计量 Z 的绝对值为 2.9212,大于临界值。因此样本观测值
落入了拒绝域,拒绝原假设,认为面包房确实存在克扣面粉的
现象。

现在我们考虑改变显著性水平 α 的大小,结论是否会发生改
变。根据分位数的定义,我们知道随着显著性水平 $\alpha(0 < \alpha < 0.1)$
的减少,分位数会变小,那么总会有 α 使得对应的分位数大于
2.9212,此时统计量的绝对值小于分位数,样本观测值落入接受
域,接受原假设。说明随着 α 的改变,假设检验的结论会改变。

上面的计算过程相对比较复杂,那么有没有一个固定的值,只
要将它与显著性水平 α 比较大小,就可以得出结论呢?

这样的固定的值是存在的,它就是检验的 p 值,或者称为尾
概率。

p 值是一种在原假设成立的前提下出现样本观测值以及更极
端情况的概率,它是拒绝原假设的最小显著性水平,表示对原假设
的支持程度,是用于确定是否应该拒绝原假设的一种方法。$p < 0.05$ 时有统计学差异,$p < 0.01$ 时有显著统计学差异,$p < 0.001$ 时

有极其显著的统计学差异。

在"面包是否缺斤少两"的案例中，统计量的值 $Z_0 = \dfrac{\overline{X} - 400}{\sigma / \sqrt{n}} =$

$\dfrac{398.4 - 400}{3 / \sqrt{30}} = -2.9212$，计算 $P(|Z| > 2.9212) = 1 - P(|Z| \leqslant$

$2.9212) = 1 - [2 \times \Phi(2.9212) - 1] = 2 - 2\Phi(2.9212) = 2 -$

$2 \times 0.998257 = 0.003487$

此时的 0.003847 就是检验的 p 值。只要 p 值大于显著性水平 α，样本观测值就落入接受域，p 值小于显著性水平 α，样本观测值就落入拒绝域。因为 p 值为 0.003487，小于显著性水平 0.05，拒绝原假设。

p 值并不容易计算，但是现在流行的可以进行数据分析的软件如 Excel，R，SPSS 等一般都会给出检验的 p 值，所以并不需要手工计算。使用起来也非常简单方便。

08　面包房是否存在克扣面粉 2——右侧 Z 检验

面包房承诺更换模具后，统计学家继续在面包房领取面包，并记录他领取的面包的重量，看面包房的人是否真的更换模具了。经过一个月的观察，他发现这个月面包房的人给他的面包都很大。数据如下：

402，408，400，410，402，400，400，401，402，403，401，405，403，

408，402，410，400，405，406，403，402，404，406，401，402，406，407，

402，400，409

这一个月所有的面包的重量都大于或等于 400g，统计学家感

觉不太对劲,又做了一次假设检验。

已知总体为正态分布,且方差为9,则其标准差为3,即 $\sigma = 3$。30个数据的样本均值为403.67,计算公式为30个数据相加然后除以30,即 $\overline{X} = (402 + 408 + 400 + \cdots + 409)/30$。

(1)提出统计假设

因为前面面包房做出承诺,要更换模具,不再有克扣面粉的行为,所以这一次统计学家做的统计假设如下:

原假设 $H_0 : \mu = 400$,认为面包房是诚实的,不克扣面粉。

备择假设 $H_1 : \mu > 400$,认为面包房没有更换模具,只是挑个大的面包给他。

(2)进行检验

方法1

①选择统计量

因为正态总体的方差已知,选取 Z 作为检验统计量,这个问题属于 Z 检验。统计量为 $Z = \dfrac{\overline{X} - 400}{\sigma / \sqrt{n}}$,服从标准正态分布。

②给出拒绝域

因为备择假设为大于,为右侧拒绝域,拒绝域为 $W = \{Z > Z_{1-\alpha}\}$,显著性水平为5%。

③计算统计量,给出结论

一共30个数据,$n = 30$,$Z = \dfrac{\overline{X} - 400}{\sigma / \sqrt{n}} = \dfrac{403.67 - 400}{3 / \sqrt{30}} = 6.7$,$Z$ 检验的5%的右侧拒绝域的临界值为 $Z_{0.95} = 1.644854$[临界值可使用Excel求出,在Excel的空白单元格处输入" = NORM. S. INV(0.95)",回车后得到的结果为1.644854,约等于1.645],统计量

Z 的值为 6.7，大于临界值 1.645。因此样本观测值再次落入了拒绝域，拒绝原假设，认为面包房只是挑大个的面包给他。

方法 2

样本均值服从期望为 400，方差为 9/30 的正态分布。在 Excel 中计算期望为 400，标准差为 $\sqrt{9/30} = 0.5477$ 的正态分布的 5% 的右侧分位数。在 Excel 的空白单元格处输入" = NORM. INV (0.95,400,0.5477)"，回车后得到的结果为 400.9009，即右侧分位数 Z_R 为 400.9009。将上面求出的样本均值403.67与分位数 Z_R 比较，发现大于右侧分位数 Z_R，落入拒绝域，拒绝原假设。

统计学家根据上面的分析，得出结论：有两种可能，一是面包房更换模具了；二是面包房没有更换模具，还是存在克扣面粉的行为，只不过特意拿大的面包给他而已。如果更换了模具的话，面包的重量应该在 400g 左右摆动，不可能 30 个面包的重量都大于 400g，所以他更倾向于认为面包房没有更换模具，只是特意拿大面包给他。因此他找到面包房，说明他的结论，并要求政府检查面包房的模具。面包房受到了处罚，更换了模具，统计学家终于得到了正常的面包。

09　纸箱用纸厚度符合标准吗——左侧 Z 检验

人们的生活离不开包装，尤其是纸箱包装。当然，除了纸箱包装，还有木箱包装和塑料包装等。纸箱包装在生活中无处不在，具有价格实惠、容易回收处理的优点。用纸箱进行包装的产品到处可见，如牛奶、月饼等。

某牛奶企业生产的牛奶需用纸箱进行包装，企业规定他们的纸品供应商提供的纸箱用纸的厚度不应小于 5 毫米,且用纸的厚度服从正态分布,标准差为 0.5 毫米。为了检查供应商的纸箱用纸是否满足条件,企业从该供应商提供的纸箱中随机抽查了 100 个,得到平均厚度为 4.55 毫米。取显著性水平 $\alpha = 0.05$,那么这批纸箱是否满足企业的要求?

(1)提出统计假设

因为企业规定纸箱用纸的厚度不应小于 5 毫米,一般情况下供应商提供的纸的厚度应该满足要求,将其作为原假设。不满足要求作为备择假设。

原假设 H_0:纸箱用纸的厚度不低于 5 毫米,即 $\mu \geq 5$。

备择假设 H_1:纸箱用纸的厚度低于 5 毫米,即 $\mu < 5$。

(2)进行检验

方法 1

①选择检验统计量

因为正态总体的标准差已知,选取 Z 作为检验统计量,这个问题属于 Z 检验。统计量为 $Z = \dfrac{\overline{X} - 5}{\sigma / \sqrt{n}}$,服从标准正态分布。

②给出拒绝域

因为备择假设为小于,为左侧拒绝域,拒绝域为 $W = \{Z < Z_\alpha\}$,显著性水平为 5% 。

③计算统计量,给出结论

一共 100 个数据,$n = 100$,$Z = \dfrac{\overline{X} - 5}{0.5 / \sqrt{100}} = \dfrac{4.55 - 5}{0.5 / \sqrt{100}} = -9$,$Z$ 检验的 5% 的左侧拒绝域的临界值为 $Z_{0.05} = -1.645$,统计量 Z 的值为 -9,小于临界值 -1.645。因此样本观测值落入了拒绝域,拒绝原假设,认为供应商提供的纸箱用纸厚度达不到要求。

方法 2

样本均值服从期望为 5，方差为 $0.5^2/100 = 0.0025 = 0.05^2$ 的正态分布。在 Excel 中计算期望为 5，标准差为 0.05 的正态分布的 5% 的左侧分位数。在 Excel 的空白单元格处输入" = NORM. INV (0.05,5,0.05)"，回车后得到的结果为 4.917757，即左侧分位数 Z_L 为 4.917757。将样本均值 4.55 与分位数 Z_L 比较，发现样本均值小于左侧分位数 Z_L，落入拒绝域，拒绝原假设，认为供应商提供的纸箱用纸厚度达不到要求。

10 降糖药重量是否符合标准——双侧 Z 检验

某种降糖药的外包装上印有规格为 0.5g/片。从过去的生产数据得知，标准差为 0.01 克，质检员抽取 50 片称重检验，平均每片的重量为 0.495 克。假定降糖药的重量服从正态分布。取显著性水平为 0.05，则该厂家生产的降糖药的重量是否符合标准？

（1）提出统计假设

降糖药的规格对患者非常重要，不同程度的糖尿病患者服用的降糖药的剂量是不同的，但是服用降糖药的时候可以是一片、一片半或者两片等。出于患者用药安全考虑，降糖药的重量非常重要，不能太重也不能太轻，故原假设为 $H_0: \mu = 0.5$，备择假设为 $H_1: \mu \neq 0.5$。

（2）进行检验

方法 1（使用 Z 检验）

已知降糖药的重量服从正态分布，且标准差 σ 为 0.01 克。此时正态分布的方差已知，对期望的假设检验使用 Z 检验。

①选择检验统计量

已知降糖药的重量服从正态分布,且标准差为 0.01,方差已知,使用 Z 检验。检验统计量为 $Z = \dfrac{\overline{X} - 0.5}{\sigma/\sqrt{n}}$,服从标准正态分布,此时样本容量 n 为 50。

②给出拒绝域

因为备择假设为不等于,使用双侧检验。双侧检验的拒绝域为 $W = \{|Z| > Z_{1-\alpha/2}\}$。

③计算统计量,给出结论

已知样本均值为 0.495,样本容量 n 为 50,$Z = \dfrac{\overline{X} - 0.5}{\sigma/\sqrt{n}} =$

$\dfrac{0.495 - 0.5}{0.01/\sqrt{50}} = -3.5355$。

在 Excel 中使用命令" = NORM. S. INV(0.975)"可得到标准正态分布的双侧分位数。Z 检验的 5% 的双侧拒绝域的临界值为 $Z_{0.975} = 1.96$,统计量 Z 的绝对值为 3.5355,大于临界值。因此样本观测值落入了拒绝域,认为该降糖药重量不符合规格。

方法 2(Excel 查表法)

样本均值服从期望为 0.5,标准差为 $0.01/\sqrt{50} = 0.001414$ 的正态分布。在 Excel 中计算期望为 0.5,标准差为 0.001414 的正态分布的 5% 的左右侧分位数。在 Excel 的空白单元格处输入" = NORM. INV(0.025, 0.5, 0.001414)",回车后得到的结果为 0.497229,即左侧分位数 Z_L 为 0.497229。输入" = NORM. INV(0.975, 0.5, 0.001414)",回车后得到的结果为 0.502771,即右侧分位数 Z_R 为 0.502771。将上面求出的样本均值 0.495 与左右两个分位数比较,发现小于左侧分位数 Z_L,落入拒绝域,拒绝原假设,认为该降糖药的重量不符合规格。

11 紫外线杀菌灯的寿命——左侧 Z 检验

紫外线杀菌灯国家标准要求平均寿命应不低于 5000 小时。在某厂家生产的紫外线灯中随机抽取 25 件，测得其平均寿命为 4950 小时。已知紫外线灯的寿命服从正态分布，标准差为 100 小时。那么在显著性水平 0.05 下，该厂家的产品是否满足要求？

（1）提出统计假设

在没有证据支持的情况下，我们不能认为厂家生产的紫外线灯不符合国家标准，也就是说正常情况下是符合国家标准的，即紫外线灯的寿命不低于 5000 小时。当然也有可能不符合国家标准，即紫外线灯寿命小于 5000 小时。所以原假设为 $H_0:\mu \geqslant 5000$，备择假设为 $H_1:\mu < 5000$。

（2）进行假设检验

方法 1（使用 Z 检验）

已知紫外线灯的寿命服从正态分布，且标准差 σ 为 100 小时。此时正态分布的方差已知，对期望的假设检验使用 Z 检验。

①选择检验统计量

已知紫外线灯的寿命服从正态分布，且标准差 σ 为 100 小时，即方差已知，使用 Z 检验。检验统计量为 $Z = \dfrac{\overline{X} - 5000}{\sigma / \sqrt{n}}$，服从标准正态分布，此时样本容量 n 为 25。

②给出拒绝域

因为备择假设为小于，使用左侧检验。拒绝域为 $W = \{Z <$

$Z_\alpha\}$,显著性水平为 0.05。

③计算统计量,给出结论

样本容量为 $n = 25$。此时 $Z = \dfrac{\overline{X} - 5000}{\sigma/\sqrt{n}} = \dfrac{4950 - 5000}{100/\sqrt{25}} =$

-2.5 ,Z 检验的 5% 的左侧拒绝域的临界值为 $Z_{0.05} = -1.645$,统计量 Z 的值为 -2.5,小于临界值 -1.645。因此样本观测值落入了拒绝域,拒绝原假设,认为紫外线灯寿命小于 5000 小时。

方法 2(Excel **查表法**)

样本均值的期望为 5000,方差为 $100^2/25 = 400$。故样本均值服从期望为 5000,标准差为 20 的正态分布。在 Excel 中计算期望为 5000,标准差为 20 的正态分布的 5% 的左侧分位数,在空白单元格处输入"=NORM.INV(0.05,5000,20)",回车得到的结果为 4967.103,即左侧分位数 Z_L 为 4967.103。将样本均值 4950 与分位数 Z_L 比较,发现样本均值小于 Z_L,落入拒绝域,拒绝原假设,认为紫外线灯寿命小于 5000 小时,不满足国家标准的要求。

12 面包房是否存在克扣面粉 3——双侧 t 检验

假设一个月内统计学家得到的面包的重量(单位:g)分别为:
393,408,400,392,390,400,395,401,402,398,401,398,403,
408,392,399,390,395,406,389,404,395,396,391,403,402,397,
395,399,410

假设数据的总体服从正态分布,但是正态分布的方差是未知的,那么面包房是否存在克扣面粉的行为? 政府规定的面包的重量为 400g。

总体为正态分布,但是方差未知,这种情况非常常见。对于数据是否服从正态分布,可以使用卡方拟合优度检验来完成,但是正态分布的期望和方差却是未知的。我们使用 t 检验来完成这个案例。

1. 计算样本均值和样本方差

30 个数据的样本均值为 398.4,计算公式为 30 个数据相加,然后除以 30,即 $\overline{X} = (393 + 408 + 400 + \cdots + 410)/30$。

样本方差 S^2 为:

$$S^2 = \frac{1}{29} \sum_{i=1}^{30} (X_i - \overline{X})^2 = \frac{1}{29}[(393 - 398.4)^2 + (408 - 398.4)^2 + \cdots + (410 - 398.4)^2] = 32.5931。$$

方法 1

计算样本方差时如果觉得使用计算器麻烦,可以使用 Excel 完成。

先把 30 个数据输入 Excel 的单元格里,作为第一列。将该列选中,选择"公式—自动求和—平均值",此时第一列的最后一行就出现了平均值 398.4,如图 3-12 所示。

图 3-12　求均值

计算样本方差。将该列的 30 个数据选中,选择"公式—自动
求和—其他函数—选择类别—统计—STDEV. S—确定",出现求标
准差的界面。然后在"选择参数"中的 number1 上点击一下,选择
单元格中的第一列的第一行 393,单击左键,输入":",再点击最后
一个数据 410,此时界面中已经出现标准差为 5. 709036998,则样本
方差为 32. 5931,如图 3-13 所示。

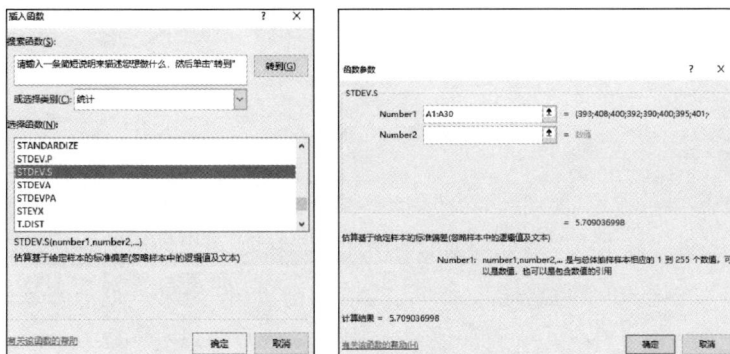

图 3-13　求标准差

此时界面上的数值 5. 709036998 就是标准差。

方法 2

还可以利用 Excel 直接使用公式计算样本方差。

步骤:先求出样本均值,计算偏差,再求偏差的平方,最后把所
有的平方求和,再除以 29 即可。

(1)求偏差

先计算 393 与均值 398. 4 的偏差,为 – 5. 4。选中 – 5. 4 后,该
单元格的右下方出现" + ",按住鼠标左键,向下拉,直到第 30 个数
据 410,这样,就得到所有的偏差,如图 3-14 所示。

(2)求偏差的平方

如图 3-15 所示,再使用同样的方法,求出 30 个偏差的平方。

	A	B
1	393	-5.4
2	408	9.6
3	400	1.6
4	392	-6.4
5	390	-8.4
6	400	1.6
7	395	-3.4
8	401	2.6
9	402	3.6
10	398	-0.4
11	401	2.6
12	398	-0.4
13	403	4.6
14	408	9.6
15	392	-6.4

B1	▼	：	✕	✓	f_x	=A1-398.4

	A	B	C	D
1	393	-5.4		
2	408			
3	400			

图 3-14　求偏差

	A	B	C
1	393	-5.4	29.16
2	408	9.6	92.16
3	400	1.6	2.56
4	392	-6.4	40.96
5	390	-8.4	70.56
6	400	1.6	2.56
7	395	-3.4	11.56
8	401	2.6	6.76
9	402	3.6	12.96
10	398	-0.4	0.16
11	401	2.6	6.76
12	398	-0.4	0.16
13	403	4.6	21.16
14	408	9.6	92.16
15	392	-6.4	40.96

C1	▼	：	✕	✓	f_x	=B1*B1

名称框

	A	B	C	D
1	393	-5.4	29.16	
2	408	9.6		
3	400	1.6		

图 3-15　求偏差的平方

（3）求偏差的平方和

把 C 列 30 个平方求和即可得到偏差平方和。选中 C 列中的 30 个数据，使用自动求和即可得到偏差平方和为 945.2，如图 3-16 所示。

（4）求样本方差

将刚求出的偏差平方和除以 29，得到样本方差。在空白单元格处输入公式" ＝C31/29"，回车即可，如图 3-17 所示。

404	5.6	31.36
395	-3.4	11.56
396	-2.4	5.76
391	-7.4	54.76
403	4.6	21.16
402	3.6	12.96
397	-1.4	1.96
395	-3.4	11.56
399	0.6	0.36
410	11.6	134.56
398.4		945.2

图 3-16　求偏差的平方和

D31		✕ ✓ *fx*	=C31/29	
	A	B	C	D
19	406	7.6	57.76	
20	389	-9.4	88.36	
21	404	5.6	31.36	
22	395	-3.4	11.56	
23	396	-2.4	5.76	
24	391	-7.4	54.76	
25	403	4.6	21.16	
26	402	3.6	12.96	
27	397	-1.4	1.96	
28	395	-3.4	11.56	
29	399	0.6	0.36	
30	410	11.6	134.56	
31	398.4		945.2	32.5931

图 3-17　求样本方差

2. 提出统计假设

一般情况下人们都是诚实守信的,我们没有足够理由认为面包房缺斤少两,所以原假设为面包房没有克扣面粉,即 $H_0: \mu = 400$,备择假设为面包房确实存在克扣面粉的行为,即 $H_1: \mu \neq 3400$。

3. 选取统计量

因为正态总体的方差未知,所以选择统计量时统计量中不能包含标准差 σ,统计量中包含 μ,样本均值和样本方差,所以选取 t 统计量作为检验统计量,这个问题属于 t 检验。统计量为 $t = \dfrac{\overline{X} - 400}{S/\sqrt{n}}$,服从自由度为 $n-1$ 的 t 分布。

4. 给出拒绝域

正常情况下,面包房是严格按照政府给出的重量标准制作面包的,所以每个面包的重量和 400g 相差不大,如果面包的重量的均值与 400g 相差太大,则认为面包房存在克扣面粉的行为。因此拒绝域为 $W = \{ |\overline{X} - 400| > c \}$。一般情况下,面包房应该是诚实守信,严格执行政府的规定的。所以认为面包房克扣面粉是个小概率事件,即 $P(|\overline{X} - 400| > c) = \alpha$。

当原假设成立时,期望 $\mu = 400$,选取的统计量为 $t = \dfrac{\overline{X} - 400}{S/\sqrt{n}}$,服从自由度为 $n - 1$ 的 t 分布。将拒绝域 W 中不等式两边同时除以 $S/\sqrt{n}$,不等式左边变成 t 统计量,不等式为 $\left| \dfrac{\overline{X} - 400}{S/\sqrt{n}} \right| > \dfrac{c}{S/\sqrt{n}}$,将统计量代入得 $|t| > \dfrac{c}{S/\sqrt{n}}$。由 $P(|\overline{X} - 400| > c) = \alpha$,得到 $P\left(|t| > \dfrac{c}{S/\sqrt{n}} \right) = \alpha$,如图 3-18 所示。

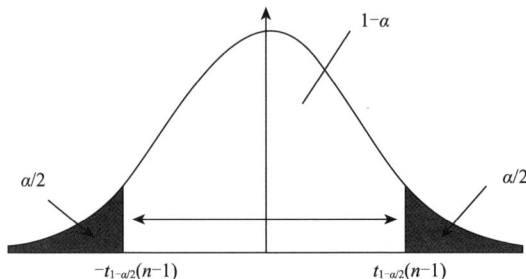

图 3-18　t 分布的双侧拒绝域

令 $\dfrac{c}{S/\sqrt{n}} = t_{\alpha/2}(n - 1)$,则 $c = t_{\alpha/2}(n - 1)S/\sqrt{n}$,从而 $P[\,|t| >$

$t_{\alpha/2}(n-1)] = \alpha$。由上面推导过程知,拒绝域为 $W = \{|t| > t_{\alpha/2}(n-1)\}$。

如果备择假设是小于,则其拒绝域只有左边,将 $\alpha/2$ 改为 α,即拒绝域为 $W = \{t < -t_{\alpha}(n-1)\}$,如图 3-19 所示。

如果备择假设是大于,则其拒绝域只有右边,相对的 $\alpha/2$ 改为 α,即拒绝域为 $W = \{t > t_{1-\alpha}(n-1)\}$,如图 3-20 所示。

t 分布的分位数 $t_{\alpha}(n-1)$ 可通过 Excel 求出。自由度为 29 的 t 分布的 5% 的双侧分位数的命令为 T. INV$(0.975,29)$,在 Excel 空白单元格处输入命令" = T. INV$(0.975,29)$",回车后得到结果为右侧分位数为 T_R 为 2.04523,左侧分位数 T_L 为 -2.04523。

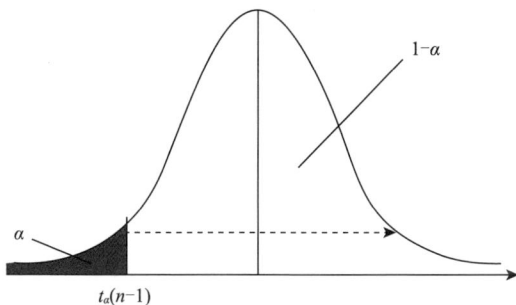

图 3-19　左侧拒绝域

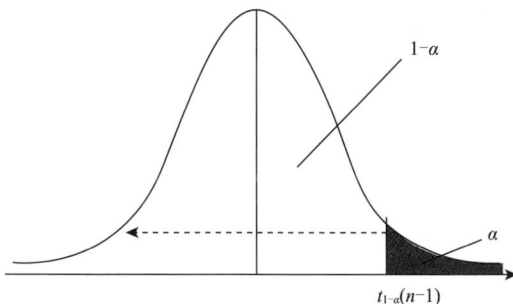

图 3-20　右侧拒绝域

自由度为 29 的 t 分布的 5% 的左侧分位数命令为 T. INV $(0.05,29)$，在 Excel 的空白单元格处输入" = T. INV $(0.05,29)$"，回车后得到结果为 -1.69913，即左侧分位数 Z_L 为 -1.69913。

自由度为 29 的 t 分布的 5% 的右侧分位数命令为 T. INV $(0.95,29)$，在 Excel 的空白单元格处输入" = T. INV $(0.95,29)$"，回车后得到结果为 1.69913，即右侧分位数 Z_R 为 1.69913。

本案例因为备择假设为不等于，为双侧拒绝域。

5. 计算统计量的值，给出结论

一共 30 个数据，$n = 30$。此时 $t = \dfrac{\overline{X} - 400}{S / \sqrt{n}} = \dfrac{398.4 - 400}{5.709 / \sqrt{30}} =$ -1.535，t 检验的 5% 的双侧拒绝域的临界值为 $t_{0.97}(29) = 2.04523$，统计量 t 的绝对值为 1.535，小于临界值。因此样本观测值落入了接受域，接受原假设，认为面包房不存在克扣面粉的现象。

对总体期望进行假设检验时是选择 Z 检验还是选择 t 检验，检验方法一定要选对，否则答案是错误的。

13 饲料养鸡——右侧 t 检验

小王是一家养鸡场的老板。他刚开始选用精料养鸡，6 个月后小雏鸡长大了，称重后发现鸡的平均重量为 2kg。精料的价格有些贵，于是他对另一批雏鸡改用粗料饲养，同时改进饲养方法，经过同样长的饲养期，随机抽取 9 只，得重量（单位：kg）分别为：2.15，1.90，2.05，1.95，2.30，2.35，2.50，2.25，1.90。经验表明，鸡的重量服从正态分布，那么使用粗料养鸡的平均重量是否大于精料养鸡？显著性水平取为 0.05。

我们使用假设检验研究到底是粗料养鸡还是精料养鸡收益更大（养的鸡的平均重量更大）。

1. 提出统计假设

当更换鸡饲料时，没有证据说明两种饲料到底哪种对鸡的增肥效果更明显。所以原假设为两种饲料对鸡的增肥效果相同，备择假设为粗料养鸡的效果更好。其实由于精料的价格高于粗料，即使得出的结论是两种饲料的增肥效果相同，也是要选粗料养鸡的，除非粗料养鸡的增肥效果没有精料好。故原假设为 $H_0 : \mu = 2$，备择假设为 $H_1 : \mu > 2$。

2. 选择检验统计量

已知鸡的重量服从正态分布，但是案例中没有给出正态分布的方差，事实上在大多数实际问题中方差均是未知的，所以使用 t 检验。检验统计量为 $t = \dfrac{\overline{X} - 2}{S / \sqrt{n}}$，服从自由度为 $n - 1$ 的 t 分布，此时样本容量 n 为 9。

3. 给出拒绝域

因为备择假设为大于，使用右侧检验，右侧检验的拒绝域为 $W = \{t > t_{1-\alpha}(n-1)\}$（原因见 12 小节）。

4. 计算统计量，给出结论

由已知数据，得到样本均值为 2.15，样本标准差为 0.2028（计算方法详见 12 小节）。已知数据容量为 9，t 统计量的值 $t = \dfrac{\overline{X} - 2}{S / \sqrt{n}} = \dfrac{2.15 - 2}{0.2028 / \sqrt{9}} \approx 2.2189$。

显著性水平为 0.05，在 Excel 中使用命令 T. INV(0.95,8)可得

到 t 分布的右侧分位数 $t_{0.95}(8)=1.859548$。

拒绝域为 $W=\{t>t_{0.95}(8)\}$。把 t 统计量的值与 t 分布的右侧分位数比较，$2.2189>1.85955$，样本观测值落入了拒绝域，拒绝原假设。说明粗料养鸡的增肥效果好于精料养鸡，以后应该采用粗料养鸡。

14 饮料的容量——左侧 t 检验

小明喜欢喝饮料，她一般都去大型超市购买 500mL 的某品牌瓶装饮料。这一阵她比较忙，就从小区内的小超市中购买了一箱同品牌的饮料。当她喝了 4 瓶后感觉喝过的这 4 瓶饮料比起以前买的饮料似乎有些少。小明回想起以前学习过的假设检验，决定学以致用，看看是不是她的直觉出现问题了。

小明买的是一箱 24 瓶装的饮料，她测量了剩下的 20 瓶饮料的容量。记录下瓶装饮料的容量（单位：mL）分别是：

490,498,500,495,498,501,493,490,504,503,489,502,503,
506,498,496,501,500,501,496

小明想检验的问题是她最近购买的饮料是否容量变少了。

1. 提出统计假设

如果饮料生产商的灌装机工作正常，则每瓶饮料的容量应该在 500mL 左右，如果不正常，饮料的容量可能偏离 500mL。但是一般情况下会认为灌装机工作正常，即原假设为 $\mu=500$，备择假设为 $\mu<500$。

2. 检验统计量

假设数据服从正态分布，但是方差未知，所以使用 t 检验。检验统

计量为统计量为 $t = \dfrac{\overline{X} - 500}{S/\sqrt{n}}$,服从自由度为 $n-1$ 的 t 分布, $n = 20$ 。

3. 给出拒绝域

因为备择假设为小于,使用左侧检验。左侧检验的拒绝域为 $W = \{t < t_{\alpha}(n-1)\}$ (原因见 11 小节)。

4. 计算统计量

由已知数据,得到样本均值为 498.2,样本标准差为 4.873127171 约等于 4.873(取小数点后 3 位),已知数据容量为 20,计算 t 统计量的值 $t = \dfrac{\overline{X} - 500}{S/\sqrt{n}} = \dfrac{498.2 - 500}{4.873/\sqrt{20}} \approx -1.652$ 。

取显著性水平为 0.05,则在 Excel 中使用命令 T.INV(0.05,19)得到左侧分位数 $t_{0.05}(19) = -1.72913$ 。

拒绝域为 $W = \{t < t_{0.05}(19)\}$ 。把 t 统计量的值与 t 分布的左侧分位数比较, $-1.652 > -1.72913$,样本观测值落入了接受域,接受原假设。说明该箱饮料的容量是符合要求的,小明多虑了。

15　次品率的检验——大样本 Z 检验

某厂家声称他们生产的产品的次品率最高为 10% 。为了验证这个说法,对该厂家生产的产品进行抽样检查。抽检人员在一批产品中抽 40 个进行检查,发现次品有 6 个,取显著水平为 0.05,判断厂家的说法是否正确。

1. 提出统计假设

厂家声称他们生产的产品的次品率 p 最高为 10% ,即次品

率 ≤ 10%。在没有确实的证据证明厂家的说法有问题的情况下，把这个结论作为原假设。故原假设为 $H_0 : p \leqslant 10\%$，备择假设为 $H_1 : p > 10\%$。

2. 检验统计量

对每件产品来说，要么是次品要么是正品，用 X 表示是否为正品，令 $X = 1$ 为正品，$X = 0$ 为次品，X 的概率分布为 0—1 分布 $B(1, p)$，X 的期望为 p，方差为 $p(1-p)$。由独立同分布的中心极限定理知，样本均值 $\overline{X} \sim N\left[p, \dfrac{p(1-p)}{n}\right]$，则 $\dfrac{\overline{X} - p}{\sqrt{p \times (1-p)/n}}$ 近似服从标准正态分布，将其记为 Z。

3. 确定拒绝域

因为备择假设为大于，为右侧检验。统计量近似服从标准正态分布，使用 Z 检验即可。右侧 Z 检验的拒绝域为 $W = \{Z > Z_{1-\alpha}\}$。

4. 计算统计量

方法 1

将已知数据代入统计量，得样本均值为 $6/40 = 0.15$，$Z = \dfrac{\overline{X} - p}{\sqrt{p \times (1-p)/n}} = \dfrac{0.15 - 0.1}{\sqrt{0.1 \times 0.9/40}} = 1.054$。

Z 检验的 5% 的右侧拒绝域的临界值为 $Z_{0.95} = 1.645$，统计量 Z 的值为 1.054，小于临界值。因此样本观测值落入了接受域，接受原假设，认为该厂家生产的产品的次品率确实最高为 10%。

方法 2

样本均值近似服从期望为 p，方差为 $p(1-p)/n$ 的正态分布。当原假设成立时，$p = 0.1$，故样本均值的期望为 0.1，方差为 0.1 ×

$0.9/40 = 0.00225 = 0.0474^2$。在 Excel 中计算期望为 0.1，标准差为 0.0474 的正态分布的 5% 的右侧分位数，在空白单元格处输入输出" $= NORM. INV (0.95, 0.1, 0.0474)$"，回车后得到结果为 0.177966，这就是右侧分位数 Z_R 为 0.177966。将样本均值 0.15 与分位数 0.177966 比较，发现小于右侧分位数，样本观测值落入接受域，接受原假设，认为该厂家生产的产品的次品率确实最高为 10%。

16 手机电池的寿命的波动性——双侧卡方检验

根据长期经验知，某厂生产的手机电池的寿命服从正态分布，其标准差为 70 小时。如今该厂生产了一批手机电池，为了检验其寿命的波动性是否发生了变化，随机抽取手机电池 16 个，测得电池寿命的样本标准差为 75 小时，则在显著性水平为 0.05 的情况下，能否认为该电池寿命波动性正常？

1. 提出统计假设

如果在实际问题中涉及精度、波动性、齐性这些词时，需要考虑方差。这个案例要求研究电池寿命波动性是否正常，此时可以考虑方差的假设检验。

在没有证据的情况下，不能怀疑厂家生产的电池的寿命的波动性有变化，故原假设为标准差 $\sigma = 70$，备择假设为标准差 $\sigma \neq 70$。

2. 选择检验统计量

进行假设检验的统计量中应包括标准差 σ 或者方差 σ^2，由于正态分布的期望 μ 未知，故统计量中不能包含 μ，而样本方差 S^2 是总体方差 σ^2 的无偏估计，统计量中包含 S^2，这样统计量可以选择

卡方分布 $\chi^2 = \dfrac{(n-1)S^2}{\sigma_0^2}$，该统计量服从自由度为 $n-1$ 的卡方分布，n 为样本容量，$\sigma_0 = 70$。

3. 给出拒绝域

当原假设 $\sigma = 70$ 成立时，总体的方差为 $70^2 = 4900$，样本方差是方差的无偏估计，故样本方差 S^2 和 $\sigma^2 = 70^2$ 相差不大，即统计量的值在一个范围内，只要落入这个范围中，接受原假设。如果原假设不成立，总体的方差就不是 70^2，此时样本方差 S^2 和 70^2 相差会比较大，因此拒绝域为：

$$W = \left\{ \chi^2 > \chi^2_{1-\alpha/2}(n-1), \chi^2 < \chi^2_{\alpha/2}(n-1) \right\}$$

如图 3-21 所示。如果统计量的值落入拒绝域，拒绝原假设。

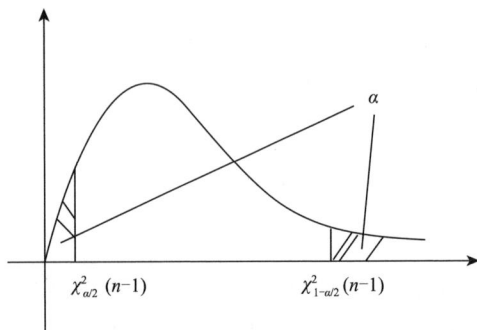

图 3-21　卡方分布的双侧拒绝域

4. 计算统计量

卡方统计量的值为 $\chi^2 = \dfrac{(n-1)S^2}{\sigma_0^2} = \dfrac{(16-1) \times 75^2}{70^2} =$

17.2194，卡方分布的临界值可使用 Excel 求出。

显著性水平为 0.05，在 Excel 中使用命令 CHISQ. INV（0.025，15），可得到自由度为 15 的卡方分布的左侧分位数，使用命令

CHISQ. INV(0.975,15)可得到自由度为 15 的卡方分布的右侧分位数。在空白的单元格处输入" = CHISQ. INV(0.025,15)"然后回车,即可得到结果为 6.262138,在另一空白的单元格处输入" = CHISQ. INV(0.975,15)"然后回车,即可得到结果为 27.48839。

因为左右两侧的分位数临界值分别为 $\chi^2_{0.025}(15)$ = 6.262138, $\chi^2_{0.975}(15)$ = 27.48839 。

两侧临界值分别为 6.262138 和 27.48839,样本观测值位于两个临界值中间,未落入拒绝域,接受原假设,认为该电池寿命波动性正常。

17　机床的精度 ——右侧卡方检验

根据以往的经验,某零件的内径尺寸服从正态分布,且其标准差不得超过 0.1。为了检验生产该零件的机床是否正常工作,先抽出 25 件产品,测得内径尺寸(单位:毫米)如下:

3,3.5,3,3.8,3.5,3.5,3.8,4.4,4.5,3.5,3.8,3.8,4.4,4.5,4.4,3,3.5,4.2,3.7,3.6,4.2,3,3.5,3.5,3.2

以上数据能否说明机床加工的精度满足要求? 显著性水平为 0.05。

1. 提出统计假设

机床精度一般是符合要求的。在没有证据的情况下,认为其生产的零件的内径的标准差不超过 0.1,故原假设为标准差 $\sigma \leqslant 0.1$,备择假设为标准差 $\sigma > 0.1$。

2. 选择检验统计量

进行假设检验的统计量中应包括标准差 σ 或者方差 σ^2,由于

正态分布的期望 μ 未知,故统计量中不能包含 μ,而样本方差 S^2 是总体方差 σ^2 的无偏估计,统计量中包含 S^2,这样统计量可以选择统计量 $\chi^2 = \dfrac{(n-1)S^2}{\sigma_0^2}$,该统计量服从自由度为 $n-1$ 的卡方分布,n 为样本容量,$\sigma_0 = 0.1$。

3. 给出拒绝域

当原假设不成立,即 $\sigma > 0.1$ 时,σ 大于 σ_0,此时作为方差的无偏估计的样本方差 S^2 也同样比 σ_0^2 要大一些。即统计量的值会相对变大,拒绝域应为统计量大于某个数。由卡方分布的分位数知,$W = \left\{ \chi^2 > \chi_{1-\alpha}^2(n-1) \right\}$。

4. 计算统计量

由零件的内径数据,使用 Excel 可求得样本均值为 3.712,样本标准差为 0.4910(具体计算详见 12 小节)。

因此统计量的值为 $\chi^2 = \dfrac{(n-1)S^2}{\sigma_0^2} = \dfrac{24 \times 0.4910^2}{0.1^2} = 578.5944$。

显著性水平为 0.05。在 Excel 的空白的单元格处输入" = CHISQ. INV(0.95,24)",然后回车,即可得到结果为 36.41503。因此右侧分位数 $\chi_{0.95}^2(24) = 36.41503$。

统计量的值 578.5944 大于右侧临界值 36.41503,落入拒绝域,拒绝原假设,认为机床加工的精度不满足要求。

18 自动车床的改造——左侧卡方检验

某自动车床加工某种零件的直径服从正态分布,加工精度为 0.09,为了进一步提高加工精度,对自动车床进行升级改造,改造后从该车床加工的零件中抽取 30 个,测得样本方差为 0.1344,那么自动车床改造是否成功了? 取显著性水平为 0.05。

1. 提出统计假设

对自动车床进行升级改造,改造完到底能不能提高精度是不知道的,所以原假设为加工精度和升级前的加工精度是相同的,备择假设是精度提高了。即原假设 $H_0: \sigma^2 = 0.09$,$H_1: \sigma^2 < 0.09$。

2. 选择检验统计量

进行假设检验的统计量中应包括标准差 σ 或者方差 σ^2,由于正态分布的期望 μ 未知,故统计量中不能包含 μ,而样本方差 S^2 是总体方差 σ^2 的无偏估计,统计量中包含 S^2,这样统计量可以选择统计量 $\chi^2 = \dfrac{(n-1)S^2}{\sigma_0^2}$,该统计量服从自由度为 $n-1$ 的卡方分布,n 为样本容量,$\sigma_0^2 = 0.09$。

3. 给出拒绝域

当原假设不成立,即 $\sigma^2 < 0.09$ 时,σ 小于 σ_0,此时作为方差的无偏估计的样本方差 S^2 也同样比 σ_0^2 要小一些。即统计量的值会相对变小,拒绝域应为统计量小于某个数。由卡方分布的分位数知,为 $W = \{\chi^2 < \chi_\alpha^2(n-1)\}$。

4. 计算统计量

统计量的值为 $\chi^2 = \dfrac{(n-1)S^2}{\sigma_0^2} = \dfrac{29 \times 0.1344}{0.09} \approx 43.3$。显著性水平为 0.05,在 Excel 中使用命令 CHISQ. INV(0.05,29) 可得到卡方分布的左侧分位数 $\chi_{0.05}^2(29) = 17.70837$。

统计量的值 43.3 大于左侧临界值 17.70837,未落入拒绝域,接受原假设,认为改造后的机床的加工精度没有提高。

19　主动吸烟和被动吸烟有无区别 1——双侧 t 检验

可替宁是烟草中的尼古丁在人体内初级代谢后的主要产物，主要存在于血液中，随着代谢过程从尿液排出。可替宁有促进神经系统兴奋作用，并在某些鼠类试验中反映出一定的抗炎、减轻肺水肿程度的作用。由于可替宁的半衰期较长且较稳定，因此成为测量吸烟者和被动吸烟者吸烟量的主要生物标志。一般情况下，多以血清中的可替宁浓度来评价。

长期被动吸烟会影响孩子的智力发育。最新科学研究称，孩子长期被动吸烟，智商值下降两个点。孩子血液中的可替宁含量一旦增加，他们的阅读、数学和推理能力就会下降。如果孩子与每天吸烟多于一包的吸烟者在一个房子里生活，且吸烟者在室内吸烟，孩子体内的可替宁含量也会升高。被动吸烟的危害非常大。

随机抽取 50 名吸烟者（主动）和 50 名被动吸烟者（在电梯、家里、工作场所等处接触二手烟），检测其血清中可替宁的水平，如表 3-3 所示，数据顺序按照从小到大排列。这些数据能否说明主动吸烟和被动吸烟的人体内的可替宁水平有显著性区别？

表 3-3　血液中的可替宁水平　　（单位：纳克/毫升）

序号	主动吸烟	被动吸烟	序号	主动吸烟	被动吸烟	序号	主动吸烟	被动吸烟
1	0.08	0.03	6	1.78	0.09	11	6.87	0.14
2	0.14	0.07	7	2.55	0.10	12	11.12	0.17
3	0.27	0.08	8	3.03	0.11	13	12.58	0.20
4	0.44	0.08	9	3.44	0.12	14	13.73	0.23
5	0.51	0.09	10	4.98	0.12	15	14.42	0.27

续表

序号	主动吸烟	被动吸烟	序号	主动吸烟	被动吸烟	序号	主动吸烟	被动吸烟
16	18.22	0.28	28	37.73	1.12	40	267.83	3.76
17	19.28	0.30	29	39.48	1.23	41	328.46	4.58
18	20.16	0.33	30	48.58	1.37	42	388.74	5.31
19	19.28	0.37	31	51.21	1.40	43	405.28	6.20
20	20.16	0.38	32	56.74	1.67	44	415.38	7.14
21	25.39	0.44	33	58.69	1.98	45	417.82	7.25
22	29.41	0.49	34	72.37	2.33	46	539.62	10.23
23	30.71	0.51	35	104.54	2.42	47	592.79	10.83
24	32.54	0.51	36	114.49	2.66	48	688.36	17.11
25	32.56	0.68	37	145.43	2.87	49	692.51	37.44
26	34.21	0.82	38	187.34	3.13	50	983.41	61.33
27	36.73	0.97	39	226.82	3.54	—	—	—

1. 提出统计假设

众所周知,被动吸烟和主动吸烟的危害都很大,我们提出的原假设为主动吸烟和被动吸烟的血清中的可替宁含量相同,备择假设是两者不相同。

2. 选择检验统计量

假设血清中的可替宁含量服从正态分布,则主动吸烟者血清中的可替宁含量 X 服从正态分布 $N(\mu_1, \sigma^2)$,被动吸烟者血清中的可替宁含量 Y 服从正态分布 $N(\mu_2, \sigma^2)$,且两种情况下方差相同。两个正态总体,方差未知但是相等,我们使用两个独立样本的 t 检验。

统计假设是比较两个总体的期望 μ_1 与 μ_2 是否相等,而样本均值是总体期望的性质非常良好的无偏估计,所以可以使用两个样本的样本均值来衡量总体期望的差异。总体 X 的样本均值 $\overline{X}$ 的分布为正态分布,期望为 μ_1,方差为 σ^2/m;总体 Y 的样本均值 $\overline{Y}$ 的分布为正态分布,期望为 μ_2,方差为 σ^2/n。使用的统计量为 $t = \dfrac{\overline{X} - \overline{Y} - (\mu_1 - \mu_2)}{S_W \sqrt{\dfrac{1}{m} + \dfrac{1}{n}}}$,服从自由度为 $m + n - 2$ 的 t 分布,其中合并标

准差 $S_W = \sqrt{\dfrac{(m - 1)S_X^2 - (n - 1)S_Y^2}{m + n - 2}}$,$S_X^2$ 和 S_Y^2 分别为两个样本的

样本方差。当原假设成立时,$\mu_1 = \mu_2$,统计量变成 $t = \dfrac{\overline{X} - \overline{Y}}{S_W \sqrt{\dfrac{1}{m} + \dfrac{1}{n}}}$。

3. 给出拒绝域

备择假设为不等于,为双侧检验,拒绝域为 $W = \{|t| > t_{1 - \alpha/2}(m + n - 2)\}$(此处原理同 12 小节)。

4. 计算统计量

首先计算两个样本的样本均值和方差。使用 Excel 计算两个样本的样本均值分别为 145.16 和 4.10,样本标准差分别为 226.46 和 10.21,样本方差为 51284.13 和 104.24。合并标准差为:

$$S_W = \sqrt{\frac{(50 - 1) \times 51284.13 + (50 - 1) \times 104.24}{50 + 50 - 2}} \approx 160.29$$

统计量的值 $t = \dfrac{\overline{X} - \overline{Y}}{S_W \sqrt{\dfrac{1}{m} + \dfrac{1}{n}}} = \dfrac{145.16 - 4.10}{160.29 \sqrt{\dfrac{1}{50} + \dfrac{1}{50}}} \approx 4.40$,

t 分布的自由度为 $50 + 50 - 2 = 98$,显著性水平为 0.05,$t_{0.975}(98) \approx Z_{0.975} = 1.96$,统计量的值 4.40 大于临界值 1.96,落入拒绝域,拒绝原假设,认为主动吸烟和被动吸烟血清中的可替宁含量是有显著不同的。

20　主动吸烟和被动吸烟有无区别 2——使用 Excel 进行双侧 t 检验

1. 提出统计假设

众所周知,被动吸烟和主动吸烟的危害都很大,我们提出的原假设为主动吸烟和被动吸烟的血清中的可替宁含量相同,备择假设是两者不相同。

假设血清中的可替宁含量服从正态分布,则主动吸烟者血清中的可替宁含量 X 服从正态分布 $N(\mu_1, \sigma^2)$,被动吸烟者血清中的可替宁含量 Y 服从正态分布 $N(\mu_2, \sigma^2)$,且两种情况下方差相同。两个正态总体,方差未知但是相等,我们使用两个独立样本的 t 检验。

2. 使用 Excel 中的数据分析进行计算。

上一小节的计算稍微有些复杂,可以使用 Excel 进行双侧 t 检验。步骤如下:

第一,在 Excel 中使用路径"数据—数据工具(右击)—自定义快速访问工具栏",如图 3-22 所示。

图 3-22　数据工具

第二,选择"加载项—分析工具库",如图 3-23 所示。再点击页面下方的"转到",出现"加载项"菜单,选择"分析工具库

统计学入门：离真实世界更近的 91 个统计思维

VBA",如图 3-24 所示。最后点击确定。此时 Excel 的功能区会在右上方出现"数据分析",如图 3-25 所示。此时数据分析功能已加载成功。

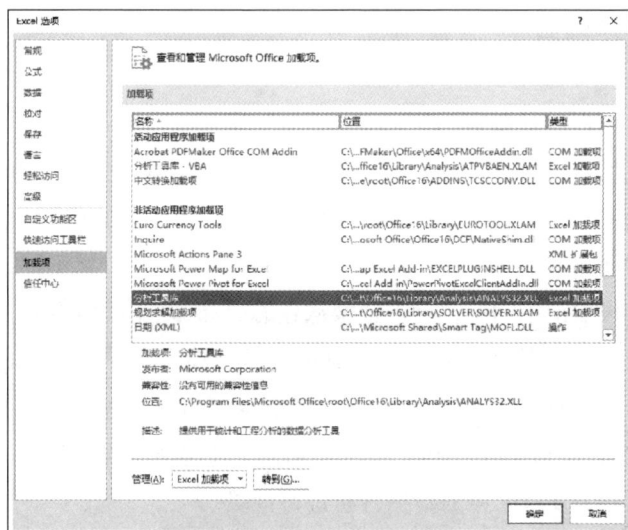

图 3-23　分析工具库

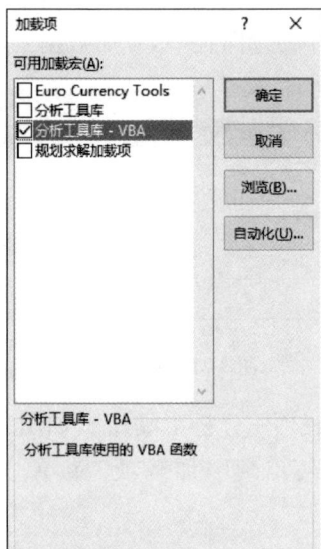

128

图 3-24　加载项

图 3-25　数据分析功能

第三,点击"数据分析",出现数据分析菜单,选择"t-检验:双样本等方差假设",点击确定,进入独立样本 t 检验菜单,如图 3-26 所示。

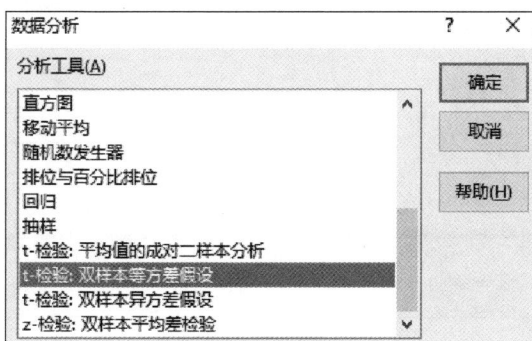

图 3-26　独立样本 t 检验

第四,在 t 检验的界面中,把鼠标放在输入部分:变量 1 的区域的框里,点击变量 1 的第一个数据,框中出现 $\$A\$1$,再输入冒号":",最后点击变量 1 的最后一个数据,框中出现 $\$A\$50$,这样把主动吸烟的 50 个数据全部放到 t 检验中。

变量 2(被动吸烟)也是同样处理。

在假设平均差中输入"0",如果原假设是 $\mu_1 - \mu_2 = k$,则在假设平均差中输入"k"。如果数据的第一列是变量名称,则选择标志。显著性水平默认 $0.05[o(A)]$,也可以修改。输出选项是选择输出结果是在原表格(输出区域)还是新的工作表组(在原 Excel 表中增加一个新的表格),或者新工作簿(新建 Excel 表格)中显示。我们选择输出结果在原表格，即在"输出区域"中点击向上的箭头，找一空白列点击即可，图 3-27 中选择的是第 K 列，即输出结果在第 K 列中，如图 3-28 所示。

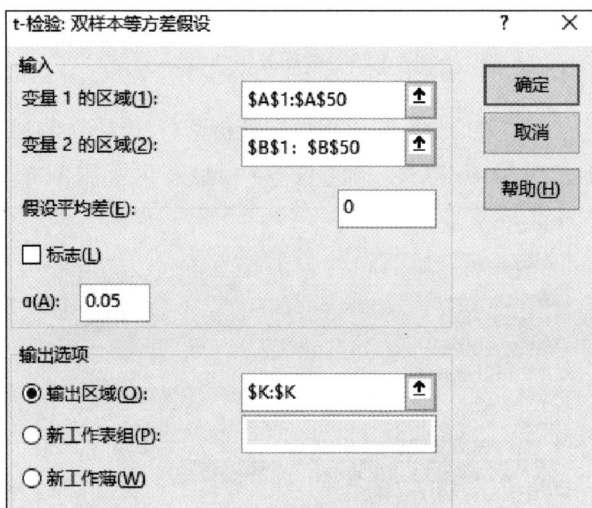

图 3-27　t 检验界面

K	L	M
t-检验: 双样本等方差假设		
	变量 1	变量 2
平均	145.1642	4.0976
方差	51284.14	104.28
观测值	50	50
合并方差	25694.21	
假设平均差	0	
df	98	
t Stat	4.400242	
P(T<=t) 单	1.38E-05	
t 单尾临界	1.660551	
P(T<=t) 双	2.75E-05	
t 双尾临界	1.984467	

图 3-28　输出结果

在该表格中,给出变量1(主动吸烟)和变量2(被动吸烟)的均值分别为145.1642,4.0976。样本方差分别为51284.14,104.28,观测值的个数都是50。合并方差为25694.21,假设平均差即 $\mu_1 - \mu_2$ 为0,t 分布的自由度为 $50 + 50 - 2 = 98$。

如果使用上一小节的方法进行假设检验,查看输出结果中的统计量的值 $t = 4.400242$,t 双尾临界为 1.984467,$t = 4.400242 > 1.984467$,统计量的绝对值大于临界值,拒绝原假设,认为主动吸烟和被动吸烟的均值是有显著性差异的。

如果使用检验的 p 值进行假设检验,进行双侧检验,查看输出结果中的"$P(T < =t)$ 双尾 $= 2.75\mathrm{E} - 05$",远小于 0.05,拒绝原假设,认为主动吸烟和被动吸烟的均值是有显著性差异的。

如果进行单侧检验,看"$P(T < =t)$ 单尾 $= 1.38\mathrm{E} - 05$"。在进行单侧检验时,将检验的 p 值和显著性水平比较即可。

21　大量的被动吸烟和少量的主动吸烟谁的危害更大——左侧 t 检验

随机抽取11名吸烟者(主动),这11名主动吸烟者每天吸烟数目较少,最多两支,几乎没有暴露在烟雾中。再抽取11名被动吸烟者,这11名被动吸烟者每天暴露在烟雾中长达8个小时,检测其血清中可替宁的水平,如表3-4所示,数据顺序按照从小到大排列。这些数据能否说明大量的被动吸烟和少量的主动吸烟谁的危害更大?

表 3-4   血清中可替宁的水平   （单位：纳克/毫升）

序号	主动吸烟	被动吸烟
1	0.08	2.66
2	0.14	2.87
3	0.27	3.13
4	0.44	3.54
5	0.51	3.76
6	1.78	4.58
7	2.55	5.31
8	3.03	6.2
9	3.44	7.14
10	4.98	7.25
11	6.87	10.23

1. 提出统计假设

通过数据可以看出，被动吸烟的人的血清中的可替宁含量明显高于主动吸烟的人，把样本观测值支持的结果作为备择假设。假设血清中的可替宁含量服从正态分布，则主动吸烟者血清中的可替宁含量 X 服从正态分布 $N(\mu_1, \sigma^2)$，被动吸烟者血清中的可替宁含量 Y 服从正态分布 $N(\mu_2, \sigma^2)$，两个总体的方差相同。样本观测值支持被动吸烟的人的血清中的可替宁含量高于主动吸烟的人，因此备择假设为 $H_1 : \mu_1 < \mu_2$，原假设为 $H_0 : \mu_1 \geqslant \mu_2$。

2. 使用 Excel 的数据分析进行计算

第一，根据上一小节的步骤，将数据分析导入 Excel 中。点击"数据分析"，出现数据分析菜单，选择"t-检验：双样本等方差假设"，点击确定，进入独立样本 t 检验菜单，如图 3-29 所示。

第二，在 t 检验的界面中，把鼠标放在输入部分：变量 1 的区域

的框里,点击变量 1 的第一个数据,框中出现 $ A $ 2,再输入冒号
":",最后点击变量 1 的最后一个数据,框中出现 $ A $ 12,这样把主
动吸烟的 11 个数据全部放到 t 检验中。

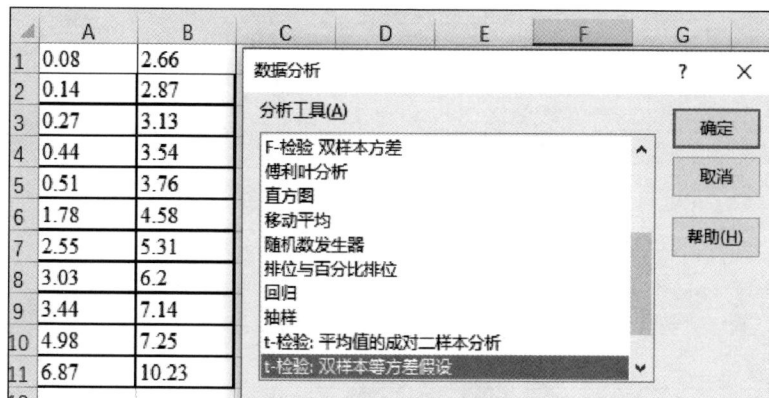

	A	B	C	D	E	F	G
1	0.08	2.66					
2	0.14	2.87					
3	0.27	3.13					
4	0.44	3.54					
5	0.51	3.76					
6	1.78	4.58					
7	2.55	5.31					
8	3.03	6.2					
9	3.44	7.14					
10	4.98	7.25					
11	6.87	10.23					

数据分析

分析工具(A)

F-检验 双样本方差
傅利叶分析
直方图
移动平均
随机数发生器
排位与百分比排位
回归
抽样
t-检验: 平均值的成对二样本分析
t-检验: 双样本等方差假设

确定

取消

帮助(H)

图 3-29　独立样本 t 检验

变量 2(被动吸烟)也是同样处理。

在假设平均差中输入"0"。因为数据中没有变量名称,不选择
标志。显著性水平默认 0.05[o(A)]。输出选项是选择输出结果
是在原表格(输出区域)还是新的工作表组(在原 Excel 表中增加
一个新的表格),或者新工作簿(新建 Excel 表格)中显示。我们选
择输出结果在原表格,即在"输出区域"中点击向上的箭头,找一空
白列点击即可,图中选择的是第 E 列,即输出结果在第 E 列中,如
图 3-30 所示。

在该表格中,给出变量 1(主动吸烟)和变量 2(被动吸烟)的均
值分别为 2.19 和 5.151818。样本方差分别为 5.04782 和
5.563256,观测值的个数都是 11。合并方差为 5.305538,假设平均
差即 $\mu_1 - \mu_2$ 为 0, t 分布的自由度为 11 + 11 - 2 = 20。

E	F	G
t-检验: 双样本等方差假设		
	变量 1	变量 2
平均	2.19	5.151818
方差	5.04782	5.563256
观测值	11	11
合并方差	5.305538	
假设平均差	0	
df	20	
t Stat	-3.01561	
P(T<=t) 单	0.003416	
t 单尾临界	1.724718	
P(T<=t) 双	0.006831	
t 双尾临界	2.085963	

图 3-30　*t* 检验的输出结果

如果使用 21 小节的方法进行假设检验,查看输出结果中的统计量的值 $t = -3.01561$, t 单尾临界为 1.724718,即左侧临界值为 -1.724718, $t = -3.01561 < -1.724718$,统计量的值小于临界值,拒绝原假设,认为主动吸烟和被动吸烟的均值是有显著性差异的。此时拒绝域为 $W = \{t < t_{0.05}(m+n-2)\}$,左侧分位数临界值为 $t_{0.05}(m+n-2) = -1.724718$。

如果使用检验的 p 值进行假设检验,因为备择假设是小于,为左侧检验。查看"$P(T<=t)$ 单尾 $=1.38E-05$",即检验的 p 值为 $1.38E-05$ 小于显著性水平 0.05,拒绝原假设,认为长时间暴露在烟雾中的被动吸烟者血清中的可替宁含量要明显高于少量吸烟者(很短时间暴露在烟雾中),说明被动吸烟的危害是非常大的。

22 哪个设备生产的香皂更好——右侧 t 检验

干皂含量是衡量香皂中有效成分的一项最重要的理化指标，干皂含量的多少直接影响到香皂的去污能力和护肤功能。

某厂一直使用设备 A 生产香皂，最近购买了设备 B 也生产香皂，为了比较哪个设备生产的香皂品质更好，取设备 A 生产的样品 100 块，测得其干皂的平均含量和方差为 85% 和 0.57^2，又取设备 B 生产的香皂 100 块，测得平其干皂的平均含量和方差为 84% 和 0.48^2，设这两个设备生产的香皂中的干皂含量都服从正态分布且方差相同，问在显著性水平 $\alpha = 0.05$ 的情况下能否认为设备 A 生产的香皂的干皂的平均含量要大于设备 B 生产的香皂的干皂的平均含量？

1. 提出统计假设

检验的目的是检验设备 A 生产的香皂的干皂的平均含量要大于设备 B 生产的香皂的干皂的平均含量，而设备 A 生产的香皂的干皂平均含量 85% 大于设备乙生产的香皂的干皂的平均含量 84%，原假设 H_0 为 $\mu_1 \leqslant \mu_2$，备择假设 H_1 为 $\mu_1 > \mu_2$。

2. 选择检验统计量

两个设备生产的香皂的干皂含量服从正态分布，且方差相同。这是方差未知但是相等的情况，使用两个独立样本的 t 检验。

本案例不能使用 Excel 的数据分析中的 t 检验，因为没有原始数据，只能手算。

$$t = \frac{\overline{X} - \overline{Y} - (\mu_1 - \mu_2)}{S_W \sqrt{\dfrac{1}{m} + \dfrac{1}{n}}}$$，服从自由度为 $m + n - 2$ 的 t 分布，其

中合并标准差 $S_W = \sqrt{\dfrac{(m-1)S_X^2 - (n-1)S_Y^2}{m+n-2}}$，$S_X^2$ 和 S_Y^2 分别为两个样本的样本方差。当原假设成立时，$\mu_1 = \mu_2$，统计量变成 $t = \dfrac{\overline{X} - \overline{Y}}{S_W \sqrt{\dfrac{1}{m} + \dfrac{1}{n}}}$，服从自由度为 $m+n-2$ 的 t 分布。

3. 给出拒绝域

备择假设为大于，为右侧检验，拒绝域为 $W = \{t > t_{1-\alpha}(m+n-2)\}$。

4. 计算统计量

两个样本的样本均值分别为 85% 和 84%，样本方差为 $0.57^2 = 0.3249$ 和 $0.48^2 = 0.2304$。合并方差为：

$$S_W^2 = \frac{(100-1) \times 0.3249 + (100-1) \times 0.2304}{100 + 100 - 2} = 0.27765$$

$$t = \frac{\overline{X} - \overline{Y}}{S_W \sqrt{\dfrac{1}{m} + \dfrac{1}{n}}} = \frac{0.85 - 0.84}{0.5269 \times \sqrt{\dfrac{1}{100} + \dfrac{1}{100}}} \approx 0.1342，t \text{ 分布}$$

的自由度为 $100 + 100 - 2 = 198$，显著性水平为 0.05，右侧分位数临界值为 $t_{0.95}(198) = 1.652586$，统计量的值 0.1342 小于临界值 1.652586，落入接受域，接受原假设，认为设备 A 生产的香皂的干皂的平均含量不大于设备 B 生产的香皂的干皂的平均含量。

23　主动吸烟和被动吸烟有无区别 3——使用公式计算双侧 F 检验

在 21 小节中，我们做出如下假设：假设血清中的可替宁含量服从正态分布，则主动吸烟者血清中的可替宁含量 X 服从正态分

布 $N(\mu_1, \sigma^2)$，被动吸烟者血清中的可替宁含量 Y 服从正态分布 $N(\mu_2, \sigma^2)$，两种情况下方差相同。两个正态总体，方差未知但是相等，使用两个独立样本的 t 检验。

现在的问题是，两个正态总体的方差未知，但是到底相等还是不相等，却是不知道的。那么如何知道两个正态总体的方差相等与否呢？可以使用 F 检验来解决这个问题。F 检验是用来检验两个总体的方差是否相等，即方差的齐性问题的。还是使用 21 小节的数据。

1. 提出统计假设

我们的目的很明确，就是检验两个正态总体的方差是否相等，因此原假设为两个方差相等，备择假设是两个方差不相等。

2. 选择检验统计量

统计假设是比较两个总体的方差 σ_1^2 和 σ_2^2 是否相等，而样本方差是总体方差的无偏估计，所以可以使用两个样本的样本方差来衡量总体方差的差异，使用的统计量为 $F = \dfrac{S_X^2}{S_Y^2}$，服从自由度为 $(m-1, n-1)$ 的 F 分布，其中 m 和 n 分别是两个样本的样本容量，S_X^2 和 S_Y^2 分别为两个样本的样本方差。

3. 给出拒绝域

备择假设为不等于，为双侧检验，拒绝域为 $W = \{ F > F_{1-\alpha/2}(m-1, n-1), \ F < F_{\alpha/2}(m-1, n-1) \}$（此处原理同 18 小节）。

4. 计算统计量

首先计算两个样本的样本方差。使用 Excel 计算两个样本的样本标准差分别为 226.46 和 10.21，样本方差为 51284.13 和 104.24（具体计算方法见 12 小节）。统计量 $F = \dfrac{S_X^2}{S_Y^2} = \dfrac{51284.13}{104.24} = 491.98$，$F$ 分布的自由度分别为 $50 - 1 = 49$ 和 $50 - 1 = 49$，显著性

水平为 0.05,在 Excel 的空白单元格处输入" = F. INV(0.025,49,49)",回车后得到的双侧检验的 F 分布的左侧临界值 0.567476,输入" = F. INV(0.975,49,49)",回车后得到的双侧检验的 F 分布的右侧临界值 1.762189。从而得到 $F_{0.025}(49,49) = 0.567476$,$F_{0.975}(49,49) = 1.762189$,统计量的值 491.98 大于右侧临界值 1.762189,落入拒绝域,拒绝原假设,认为两个正态分布的方差是不相等的。

24 主动吸烟和被动吸烟有无区别 4——使用 Excel 进行双侧 F 检验

我们还可以使用 Excel 进行双侧 F 检验,具体如下。

1. 提出统计假设

我们的目的很明确,就是检验两个正态总体的方差是否相等,因此原假设为两个方差相等,备择假设是两个方差不相等。

2. 使用 Excel 的数据分析进行计算

第一,使用 22 小节给出的步骤将数据分析导入 Excel 中。点击"数据分析",出现数据分析菜单,选择"F – 检验:双样本方差",点击确定,进入 F 检验菜单,如图 3-31 所示。

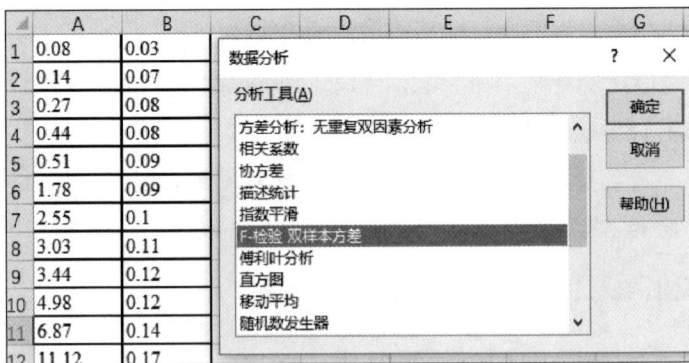

图 3-31 F 检验双样本方差

第二,在 F 检验的界面中,把鼠标放在输入部分:变量 1 的区域的框里,点击变量 1 的第一个数据,框中出现＄Ａ＄2,再输入冒号":",最后点击变量 1 的最后一个数据,框中出现＄Ａ＄50,这样把主动吸烟的 50 个数据全部放到 F 检验中。

变量 2(被动吸烟)也是同样处理。

因为数据中没有变量名称,不选择标志。显著性水平默认 0.05[o(A)]。输出选项是选择输出结果是在原表格(输出区域)还是新的工作表组(在原 Excel 表中增加一个新的表格),或者新工作簿(新建 Excel 表格)中显示。我们选择输出结果在原表格显示,即在"输出区域"中点击向上的箭头,找一空白列点击即可,图 3-32 中选择的是第 K 列,即输出结果在第 K 列中,如图 3-33 所示。

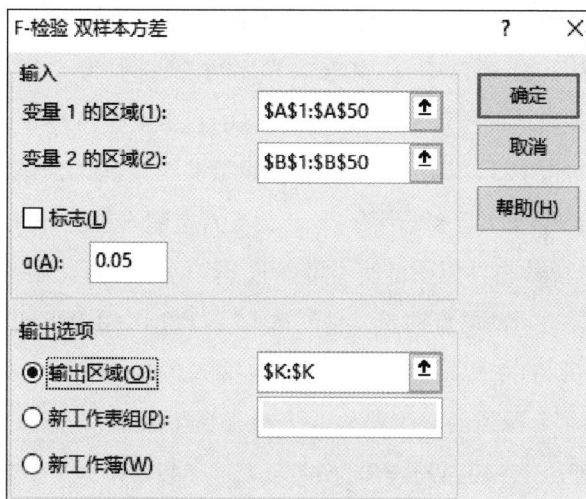

图 3-32　F 检验的界面

K	L	M
F-检验 双样本方差分析		
	变量 1	变量 2
平均	145.1642	4.0976
方差	51284.14	104.28
观测值	50	50
df	49	49
F	491.7927	
P(F<=f) 单尾	3.26E-53	
F 单尾临界	1.607289	

图 3-33　F 检验输出结果

在该表格中,给出变量 1(主动吸烟)和变量 2(被动吸烟)的均值分别为 145.1642 和 4.0976。样本方差分别为 51284.14 和 104.28,观测值的个数都是 50。F 分布的自由度为(49,49)。

如果使用 25 小节的方法进行假设检验,查看输出结果中的统计量的值 $F=491.7927$,因为 Excel 仅支持左侧 F 检验,所以双侧 F 检验的分位数临界值还得使用命令 F. INV( ) 来计算。显著性水平为 0.05,在 Excel 的空白单元格处输入" = F. INV(0.025,49,49)",回车后得到的左侧临界值 0.567476,输入" = F. INV(0.975,49,49)",回车后得到的双侧检验的 F 分布的右侧临界值 1.762189。从而得到 $F_{0.025}(49,49)=0.567476$,$F_{0.975}(49,49)=1.762189$,统计量的值 491.98 大于右侧临界值 1.762189,落入拒绝域,拒绝原假设,认为两个正态分布的方差是不相等的。

使用检验的 p 值进行假设检验时,因为输出结果只适用于左侧 F 检验,因此本案例不能使用该 p 值。

25 哪个牛奶厂的牛奶更好——左侧 F 检验

牛奶中水含量为 85.5% ~88.7% ,它的凝固点习惯上叫冰点,用英文"FPD"表示。牛奶冰点随水分及其他成分含量变化而变化。正常情况下,生鲜乳的冰点会在一个很小的范围内变动,若掺入其他杂质,冰点就会发生明显变化。因此,化验室将检测冰点作为判别掺水掺杂的重要项目,并且通过冰点值大致判断其加水量。

某蛋糕公司从甲乙两个牛奶厂购买了牛奶,想从中确定一个牛奶厂作为供应商。公司分别从甲乙两个牛奶厂购买的牛奶中各抽取 6 个样品进行冰点测量,测得冰点(单位:℃)分别为:

甲: -0.5426, -0.5481, -0.5497, -0.5512, -0.5446, -0.5342

乙: -0.5398, -0.5590, -0.5610, -0.5289, -0.5323, -0.5567

已知鲜牛奶的冰点为 -0.545℃ ,设两个牛奶厂生产的牛奶的冰点都服从正态分布,则两个牛奶厂提供的牛奶哪个品质更好些 ($\alpha = 0.05$)?

鲜牛奶的冰点为 -0.545。计算两家牛奶厂的牛奶样品的平均冰点,甲厂牛奶平均冰点为 -0.54507,样本方差为 3.85×10^{-5};乙厂牛奶平均冰点为 -0.54628,样本方差为 0.000205(计算方法见 12 小节)。

通过比较两个样本均值,发现甲厂牛奶的冰点更接近于鲜牛奶的冰点。但是乙厂牛奶的平均冰点也很接近于鲜牛奶的冰点。因此,再研究牛奶的冰点的波动性。两个牛奶厂生产的牛奶的冰点都服从正态分布,比较两个正态分布方差的大小,方差越小越好。

1. 提出统计假设

样本方差是总体方差的无偏估计,甲厂牛奶的冰点的样本方差小于乙厂,把样本观测值支持的结论作为备择假设,因此原假设 H_0 为 $\mu_1 \geqslant \mu_2$,备择假设 H_1 为 $\mu_1 < \mu_2$。

2. 进行检验

方法 1（使用 Excel 的数据分析进行计算）

使用 22 小节给出的步骤将数据分析功能导入 Excel 中。点击"数据分析",出现数据分析菜单,选择"F - 检验:双样本方差",点击确定,进入 F 检验菜单,如图 3-34 所示。

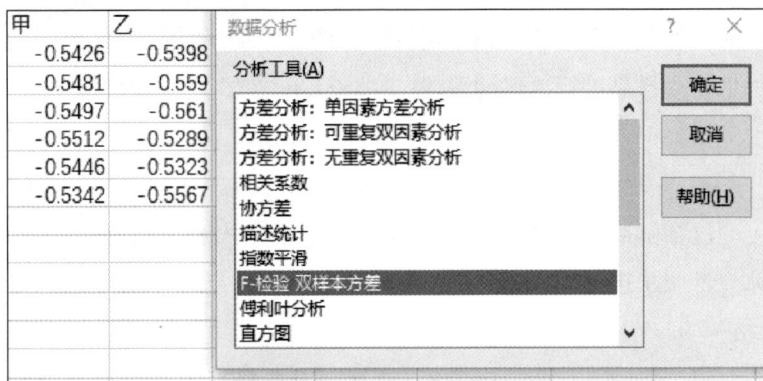

甲	乙
-0.5426	-0.5398
-0.5481	-0.559
-0.5497	-0.561
-0.5512	-0.5289
-0.5446	-0.5323
-0.5342	-0.5567

数据分析   ?   ✕

分析工具(A)

方差分析:单因素方差分析
方差分析:可重复双因素分析
方差分析:无重复双因素分析
相关系数
协方差
描述统计
指数平滑
F-检验 双样本方差
傅利叶分析
直方图

确定
取消
帮助(H)

图 3-34　F 检验双样本方差

在 F 检验的界面中,把鼠标放在输入部分:变量 1 的区域的框里,点击变量 1 的第一个数据,框中出现 $\$A\$2$,再输入冒号":",最后点击变量 1 的最后一个数据,框中出现 $\$A\$7$,这样把甲厂牛奶的 7 个数据全部放到 F 检验中。变量 2 也是同样处理。

刚才选择数据时,没有选入变量的名称,因此不选择标志。显著性水平默认 0.05[o(A)]。输出选项选择输出结果显示在原表格(输出区域），即在“输出区域”中点击向上的箭头，找一空白列点击即可，图 3-35 中选择的是第 *E* 列，输出结果在第 *E* 列中（图 3-36）。

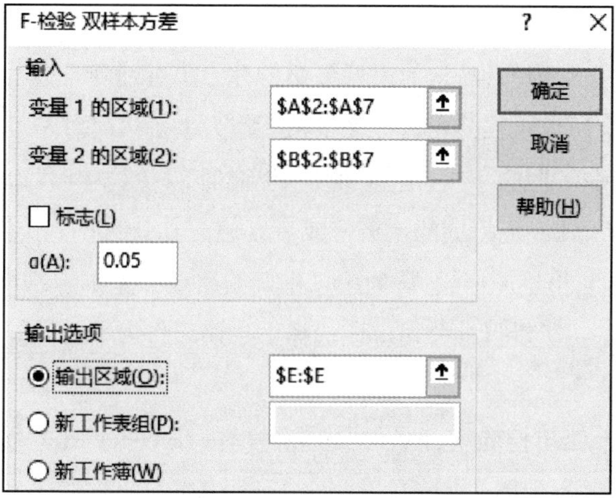

图 3-35　*F* 检验的界面

E	F	G
F-检验 双样本方差分析		
	变量 1	变量 2
平均	-0.54507	-0.54628
方差	3.85E-05	0.000205
观测值	6	6
df	5	5
F	0.18769	
P(F<=f) 单尾	0.045087	
F 单尾临界	0.198007	

图 3-36　输出结果

在该表格中，给出变量 1（甲）和变量 2（乙）的均值分别为 −0.54507 和 −0.54628。样本方差分别为 3.85×10^{-5} 和 $2.05\times$

10^{-4}，观测值的个数都是 6。F 分布的自由度为 $(5,5)$。

检验统计量的值 $F=0.18769$，显著性水平为 0.05，F 单尾临界为 0.198007，统计量的值 0.18769 小于左侧临界值 0.198007，落入拒绝域，拒绝原假设，认为甲厂牛奶的冰点方差小于乙厂牛奶的冰点方差。所以蛋糕公司选择甲牛奶厂作为牛奶供应商。

使用检验的 p 值进行假设检验时，$P(F <= f)$ 单尾为 0.045087，即左侧检验的尾概率或者 p 值为 0.045087，小于显著性水平 0.05，拒绝原假设，认为甲厂牛奶的冰点方差小于乙厂牛奶的冰点方差。所以蛋糕公司应该选择甲牛奶厂作为牛奶供应商。

方法 2

如果使用检验统计量的公式来计算，在第一步建立统计假设后，进行以下步骤：

(1) 选择检验统计量

统计假设是比较两个总体的方差 σ_1^2 和 σ_2^2 是否相等，而样本方差是总体方差的无偏估计，所以可以使用两个样本的样本方差来衡量总体方差的差异，使用的统计量为 $F = \dfrac{S_X^2}{S_Y^2}$，服从自由度为 $(m-1, n-1)$ 的 F 分布，其中 m 和 n 分别是两个样本的样本容量，S_X^2 和 S_Y^2 分别为两个样本的样本方差。

(2) 给出拒绝域

备择假设为小于，为左侧检验，拒绝域在左侧，为 $W = \{ F < F_\alpha(m-1, n-1) \}$。

(3) 计算统计量

首先计算两个样本的样本方差。使用 Excel 计算两个样本的样本标准差分别为 6.20763×10^{-3} 和 1.4328631×10^{-3}，样本方差

为 3.85×10^{-5} 和 2.05×10^{-4}（计算方法见 12 小节）。统计量 $F = \dfrac{S_X^2}{S_Y^2} = \dfrac{3.82 \times 10^{-5}}{2.05 \times 10^{-4}} = 0.1878$，$F$ 分布的自由度分别为 $6 - 1 = 5$ 和 $6 - 1 = 5$，显著性水平为 0.05，在 Excel 的空白单元格处输入 "=F.INV(0.05,5,5)"，回车后得到的双侧检验的 F 分布的左侧临界值 0.198007。从而得到 $F_{0.05}(5,5) = 0.198007$，统计量的值 0.1878 小于左侧临界值 0.198007，落入拒绝域，拒绝原假设，认为甲厂牛奶的冰点方差小于乙厂牛奶的冰点方差。所以蛋糕公司选择甲牛奶厂作为牛奶供应商。

26 烟草中的尼古丁含量——使用 Excel 进行 Z 检验

某卷烟厂向其化验室送去 A，B 两种烟草，化验两种烟草中的尼古丁的含量是否相同，从 A，B 中各随机抽取重量相同的 5 例进行化验，测得尼古丁的含量（单位：毫克）为：

A：24，27，26，21，24

B：27，28，23，31，26

据经验知，尼古丁含量服从正态分布，且 A 种的方差为 5，B 种的方差为 8。取 $\alpha = 0.05$，则两种烟草的尼古丁含量是否有差异？

1. 提出统计假设

按照一个生产流程制作的两种烟草，没有证据的前提下我们认为其尼古丁含量是相同的。故原假设为两种烟草的尼古丁含量没有显著性差异，备择假设是两种烟草的尼古丁含量有显著性差异。即原假设 H_0：$\mu_1 = \mu_2$，备择假设 H_1：$\mu_1 \neq \mu_2$。

2. 使用 Excel 中的数据分析进行 Z 检验

采用 22 小节的方法将数据分析功能导入 Excel 中。点击"数据分析"，出现数据分析菜单，选择"z - 检验：双样本平均差检验"，点击确定，进入"z - 检验：双样本平均差检验"菜单，如图 3-37 所示。

在 Z 检验的界面中，把鼠标放在输入部分：变量 1 的区域的框里，点击变量 1 的第一个数据，框中出现 \$ A \$ 2，再输入冒号"："，最后点击变量 1 的最后一个数据，框中出现 \$ A \$ 6，这样把烟草 A 的尼古丁含量 5 个数据全部放到 Z 检验中。变量 2 也是同样处理。

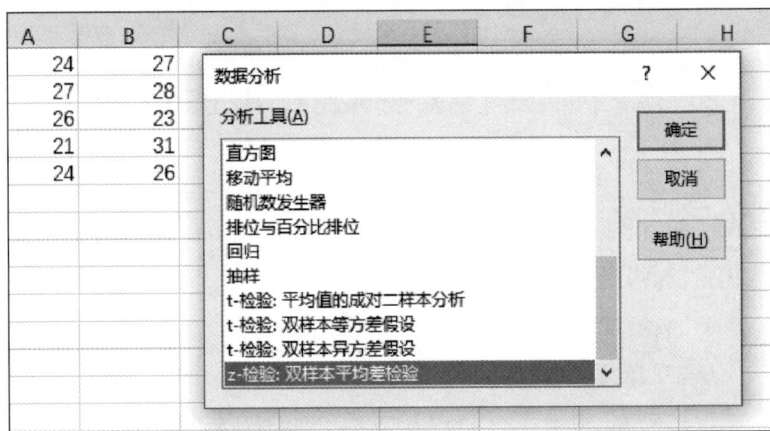

A	B	C	D	E	F	G	H
24	27						
27	28						
26	23						
21	31						
24	26						

数据分析 ? ×

分析工具(A)

直方图
移动平均
随机数发生器
排位与百分比排位
回归
抽样
t-检验：平均值的成对二样本分析
t-检验：双样本等方差假设
t-检验：双样本异方差假设
z-检验：双样本平均差检验

确定
取消
帮助(H)

图 3-37　z - 检验：双样本平均差检验

刚才选择数据时，没有选入变量的名称，因此不选择标志。显著性水平默认 0.05[o(A)]，可以修改。输出选项是选择输出结果是在原表格（输出区域），即在"输出区域"中点击向上的箭头，找一空白列点击即可，图 3-38 中选择的是第 E 列，即输出结果在第 E 列中（图 3-39）。

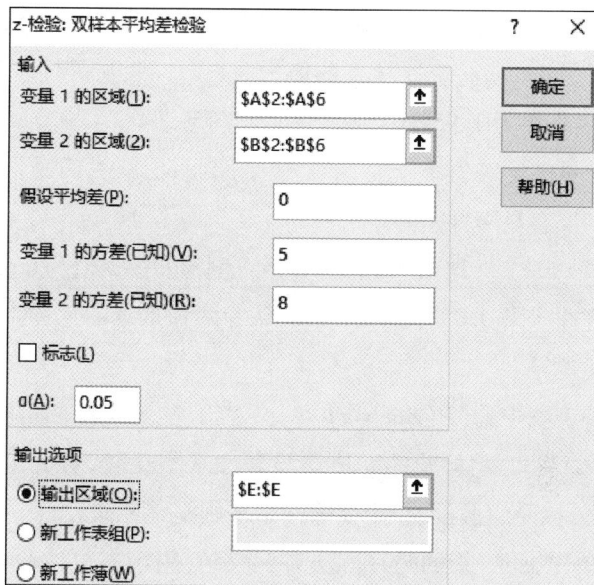

图 3-38　两个样本的 Z 检验界面

E	F	G
z-检验: 双样本均值分析		
	变量 1	变量 2
平均	24.4	27
已知协方差	5	8
观测值	5	5
假设平均差	0	
z	-1.61245	
P(Z<=z) 单尾	0.053432	
z 单尾临界	1.644854	
P(Z<=z) 双尾	0.106864	
z 双尾临界	1.959964	

图 3-39　输出结果

从图 3-29 可看出变量 1(烟草 A)和变量 2(烟草 B)的尼古丁

含量的均值分别为 24.4 和 27，总体的协方差分别为 5 和 8，观测值的个数都是 5。检验统计量 Z 的值为 -1.61245，显著性水平为 0.05，Z 双尾临界为 1.959964，即 $Z_{0.975} = 1.959964$。

统计量的绝对值小于临界值，接受原假设，认为两种烟草的尼古丁含量没有显著性差异。

$P(Z < = z)$ 双尾为 0.106864，即双侧检验的 p 值为 0.106864，大于显著性水平 0.05，接受原假设，认为两种烟草的尼古丁含量没有显著性差异。

另外表格中的"$P(Z < = z)$ 单尾"表示左侧或者右侧检验的 p 值，为 0.053432，将检验的 p 值与显著性水平比较，若 p 值大于显著性水平，接受原假设，小于显著性水平则拒绝原假设。

"z 单尾临界"指的是 $Z_{0.95} = 1.644854$，用于右侧检验，左侧检验时使用的单位临界值是 $Z_{0.05} = -1.644854$，将统计量的值与临界值比较即可。

第三部分　非参数假设检验

> **预备知识**
>
> **独立**
>
> 两个离散型随机变量 X 和 Y 的联合分布律为 p_{ij}，X 和 Y 的边缘分布律分别为 $p_{i.}$，$p_{.j}$，则独立意味着联合分布律等于两个边缘分布律的乘积 $p_{ij}=p_{i.}p_{.j}$。

01　独立性

1. 骰子

一提到骰子，我们最先想到的就是打麻将、推牌九。它是这些娱乐必不可少的工具之一。最常见的骰子是六面骰，它是一个正立方体，上面分别有一到六个孔（称为点数），其相对两面点数之和为七。

掷骰子也是概率论与数理统计经常用来举例用的试验。比如，抛硬币问题只有两个结果，而掷骰子问题有 6 个结果，其试验的结果用集合 $\{1,2,3,4,5,6\}$ 表示，即出现的可能点数为 1，2，3，4，5，6，共六种可能（向上的面的点数）。经过大量的重复掷骰子试验，如果骰子是质地均匀的，则出现这六个结果的概率都是 1/6。

2. 独立性

两个随机事件 A 和 B 独立，是指 A 和 B 两个事件没有关系，即

事件 A 发生与否不影响事件 B 的发生。比如,有放回的抽取方式,两次抽取的结果之间是独立的,互不影响。用公式表示为 $P(AB) = P(A)P(B)$。如果问题具有独立性,解决起来会非常容易。那么如何判断独立性呢？一种方法是从实际问题的意义可以看出来,比如,有放回地抽取时,每次抽取的结果是相互独立的;三个人同时破译一个密码而且没有什么沟通交流时,每个人能否破译密码是相互独立的;甲乙两人同时向同一目标射击,每个人能不能击中目标是相互独立的;等等。另一种方法就是根据独立性的公式判断。

小明和小燕分别掷一次骰子,小明先掷。小明掷出的点数为 1 点,小燕掷出的点数为 2 点。用事件 A 表示小明掷出的点数是 1 点,事件 B 为小燕掷出的点数是 2 点。事件 C 为两人掷出的点数之和为 8,事件 D 为两人掷出的点数之和为 7,那么 A,B,C,D 这四个事件中有哪些是相互独立的呢？

这是高中数学中一道非常经典的概率练习题目。首先计算事件 A,B,C,D 发生的概率。

小明和小燕掷出的点数都有 $1,2,3,4,5,6$ 六种可能。

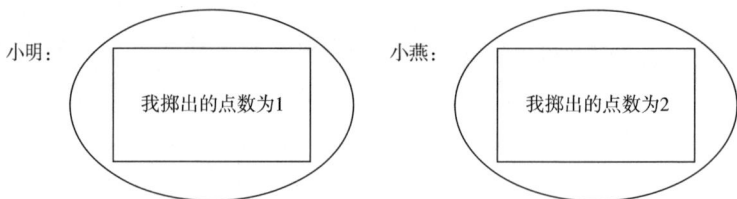

小明：

我掷出的点数为1

小燕：

我掷出的点数为2

小明掷出的点数为 1,概率为 $P(A) = 1/6$。

小燕掷出的点数为 2,概率为 $P(B) = 1/6$。

两人掷出的点数之和为 8,意味着事件 C 有以下 5 种可能：$\{(2,6),(3,5),(4,4),(5,3),(6,2)\}$。掷两次骰子出现的点数一共有 $6 \times 6 = 36$ 种,包括：

$\{(1,1),(1,2),(1,3),(1,4),(1,5),(1,6),(2,1),(2,2),$
$(2,3),(2,4),(2,5),(2,6),(3,1),(3,2),(3,3),(3,4),(3,$
$5),(3,6),(4,1),(4,2),(4,3),(4,4),(4,5),(4,6),(5,1),$
$(5,2),(5,3),(5,4),(5,5),(5,6),(6,1),(6,2),(6,3),(6,$
$4),(6,5),(6,6)\}$,所以 $P(C)=5/36$。

两人掷出的点数之和为 7,意味着事件 D 有以下 6 种可能:
$\{(1,6),(2,5),(3,4),(4,3),(5,2),(6,1)\}$。掷两次骰子出现
的点数一共有 $6 \times 6 = 36$ 种,所以 $P(D)=6/36=1/6$。

判断 A 与 B 的独立性。计算 $P(AB)$。事件 A 为小明掷骰子的
点数为 1,包括如下 6 种可能:$\{(1,1),(1,2),(1,3),(1,4),(1,$
$5),(1,6)\}$。原因是目前只是知道小明掷骰子的点数为 1,但是不
知道小燕掷骰子的点数。同理事件 B 为小燕掷骰子的点数为 2,包
括如下 6 种可能:$\{(1,2),(2,2),(3,2),(4,2),(5,2),(6,2)\}$。
两者的交集即公共的元素为$\{(1,2)\}$,两次掷骰子试验共有 36 种
可能结果,所以 $P(AB)=1/36$。满足独立的定义 $P(AB)=P(A)P$
(B),故 A,B 独立。

判断 A 与 C 的独立性。计算 $P(AC)$。事件 A 为小明掷骰子的
点数为 1,而 C 表示两次点数之和为 8,两者没有交集,即交集为
空,有 $P(AC)=0$,$P(A)=1/6$,$P(C)=5/36$,不满足 $P(AC)=P$
$(A)P(C)$,A 与 C 不独立。

判断 A 与 D 独立性。事件 A 为小明掷骰子的点数为 1,而 D
表示两次点数之和为 7,A 与 D 的交集为$\{(1,6)\}$,掷两次骰子出
现的点数一共有 36 种,所以 $P(AD)=1/36$。此时 $P(AD)=1/36=$
$P(A)P(D)$。所以 A 与 D 独立。

判断 B 与 C 的独立性。计算 $P(BC)$。事件 B 小燕掷骰子的

点数为 2，而 C 表示两次点数之和为 8，B 与 C 的交集为 $\{(6,2)\}$，有 $P(BC)=1/36$，$P(B)=1/6$，$P(C)=5/36$，不满足 $P(BC)=P(A)P(C)$，B 与 C 不独立。

判断 B 与 D 的独立性。计算 $P(BD)$。事件 B 为小燕掷骰子的点数为 2，而 D 表示两次点数之和为 7，B 与 C 的交集为 $\{(5,2)\}$，有 $P(BD)=1/36$，$P(B)=1/6$，$P(D)=1/36$，满足 $P(BD)=P(B)P(D)$，所以 B 与 D 独立。

判断 C 与 D 的独立性。计算 $P(CD)$。C 表示两次点数之和为 8，D 表示两次点数之和为 7，C 与 D 的交集为空，有 $P(CD)=0$，$P(C)=5/36$，$P(D)=1/6$，不满足 $P(CD)=P(C)P(D)$，C 与 D 不独立。

综合上面的分析可以看出，事件 A 与 B 独立，A 与 D 独立，B 与 D 独立。

02　骰子是否均匀——拟合优度检验

拟合优度检验是检验数据对应的总体是否服从某一分布。

甲乙两人在一起玩掷骰子游戏，玩了一会后甲质疑骰子的均匀性。于是两人停止游戏，改由甲掷骰子，乙记录向上的点数。一共掷了 120 次，得到向上的点数如表 3-5 所示。

表 3-5　掷骰子的点数

点数	1	2	3	4	5	6
出现次数	23	26	21	20	15	15

这个骰子是否是均匀的？

如果这个骰子是均匀的,则 6 个点出现的概率应该都是 1/6;如果骰子不均匀,就不是这个结果。正常情况下,厂家生产的骰子是均匀的,除非特别定制。所以原假设为骰子是均匀的,备择假设为骰子是不均匀的。

原假设 H_0:每个点出现的概率为 1/6,即 $p_1 = 1/6$, $p_2 = 1/6$, $p_3 = 1/6$, $p_4 = 1/6$, $p_5 = 1/6$, $p_6 = 1/6$,其中 $p_1, p_2, p_3, p_4, p_5, p_6$ 分别表示 1~6 点出现的概率。

下面研究原假设是否正确。如果原假设正确,则 1~6 点出现的概率均为 1/6,实际掷出的骰子的点数出现的频率应该和 1/6 相差不大,相差太大,说明骰子是不均匀的。

用 n_i 表示在实际的投掷中 1~6 点出现的频数(次数),当我们做的试验次数足够多时,频率的稳定值和概率是相同的,所以用 np_i 表示 1~6 点出现的理论频数。根据上面的分析,实际频数与理论频数的差异(偏差)$n_i - np_i$ 可能是正的,也可能是负的,我们用偏差的平方来衡量这个差异。但是偏差的平方把这个差异扩大了,不好和临界值比较,所以用偏差的平方除以理论频数,然后求和,作为统计量。即我们使用的统计量为 $X = \sum_{i=1}^{r} \dfrac{(n_i - np_i)^2}{np_i}$。英国统计学家 $K \cdot$ 皮尔逊在 1900 年发表的一篇文章中提出该统计量,并指出当 n 很大时,这个统计量服从自由度为 $r-1$ 的卡方分布。另外,这个统计量在原假设成立时非常小,而原假设不成立时,结果会变大,所以使用右侧拒绝域,为 $W = \{X > \chi^2_{1-\alpha}(r-1)\}$。即只要统计量的值大于临界值,就拒绝原假设。

下面来研究这个骰子的均匀性。一共掷了 120 次,所以 $n = 120$, $np_i = 120 \times 1/6 = 20$,利用统计量 X 的公式计算得统计量的值为:

$$\frac{(23-20)^2}{20} + \frac{(26-20)^2}{20} + \frac{(26-20)^2}{20} + \frac{(21-20)^2}{20} + \frac{(20-20)^2}{20} +$$

$$\frac{(15-20)^2}{20} + \frac{(15-20)^2}{20} = 4.8$$

具体计算如表 3-6 所示。

表 3-6 计算过程

点数	1	2	3	4	5	6
出现次数 n_i	23	26	21	20	15	15
p_i	1/6	1/6	1/6	1/6	1/6	1/6
np_i	20	20	20	20	20	20
$n_i - np_i$	3	6	1	0	−5	−5
$(n_i - np_i)^2$	9	36	1	0	25	25
$(n_i - np_i)^2/np_i$	0.45	1.8	0.05	0	1.25	1.25

将表 3-6 的最后一列的数据相加得统计量 X 的值为 $0.45 + 1.8 + 0.05 + 0 + 1.25 + 1.25 = 4.8$。统计量中一共有 6 项平方和，所以自由度为 $6 - 1 = 5$。

在 Excel 的空白单元格处输入："CHISQ. INV (0. 95,5)"，回车后得到自由度为 5 的卡方分布的 5% 的右侧分位数为 11.0705，因为统计量 X 的值 4.8 比分位数 11.0705 小，未落入拒绝域，接受原假设，认为骰子是均匀的。甲乙两个人可以继续进行游戏。

03 消费者挑选空调时是否注重品牌——拟合优度检验

每年夏季都是空调的销售旺季。某商场想了解顾客对于已有的三个品牌的空调是否存在优先选择，对 120 名老顾客进行调查，请他们从三个品牌中选择一个作为未来购买空调时的品牌，得到三个品牌的选择的频数表如表 3-7 所示。由这些数据能否得出结论?

表 3-7 调查群体的品牌偏好

品牌	品牌 1	品牌 2	品牌 3
选择人数	36	45	39

从表 3-7 中可以,看出选择品牌 2 的人数最多。是不是说明三个品牌存在优先选择,未来购买品牌 2 的人会最多呢?

我们使用卡方拟合优度检验来解决这个问题。

原假设 H_0:选择三个品牌的人数相等,即每个品牌被选择的概率为 1/3,即 $p_1 = 1/3$,$p_2 = 1/3$,$p_3 = 1/3$,其中 p_1, p_2, p_3 分别表示三个品牌被选择的概率。

下面研究原假设是否正确。如果原假设正确,则三个品牌被选择的概率均为 1/3,那么实际上客户选择三个品牌的频率应该和 1/3 相差不大,相差太大,说明品牌存在优先选择。

用 n_i 表示在客户选择三个品牌的实际频数,np_i 表示客户选择三个品牌空调的理论频数。统计量为 $X = \sum_{i=1}^{r} \dfrac{(n_i - np_i)^2}{np_i}$ (原因见 02 小节)。该统计量在原假设成立时非常小,而原假设不成立时,结果会变大,所以使用右侧拒绝域。即只要统计量的值大于临界值,就拒绝原假设。

一共调查了 120 个顾客,所以 $n = 120$,$np_i = 120 \times 1/3 = 40$,利用统计量 X 的公式计算得

$$X = \frac{(36 - 40)^2}{40} + \frac{(45 - 40)^2}{40} + \frac{(39 - 40)^2}{40} = 1.05$$

具体计算如表 3-8 所示。

表3-8　计算过程

品牌	品牌 1	品牌 2	品牌 3
出现次数 n_i	36	45	39
p_i	1/3	1/3	1/3
np_i	40	40	40
$n_i - np_i$	-4	5	-1
$(n_i - np_i)^2$	16	25	1
$(n_i - np_i)^2/np_i$	0.4	0.625	0.025

将表 3-8 的最后一行的数据相加得统计量 X 的值为 $0.4 + 0.625 + 0.025 = 1.05$。统计量中一共有 3 项平方和，所以自由度为 $3 - 1 = 2$。

在 Excel 的空白单元格处输入：" $= \text{CHISQ.INV}(0.95, 2)$ "，回车后得到自由度为 5 的卡方分布的 5% 的右侧分位数为 5.991465，因为统计量 X 的值 1.05 比临界值 5.991465 小，未落入拒绝域，接受原假设，认为三个品牌空调不存在优先选择。

04　福利彩票 25 选 7——拟合优度检验

福利彩票"25 选 7"摇奖是从 01 ~ 25 这 25 个号码中摇出 7 个基本号码和一个特别号作为当期"25 选 7"中奖号码。摇奖时间为每周星期三和星期六，摇奖大厅设在福利彩票发行中心，由公证处现场公证。

下面的数据是 100 期的开奖号码中的特殊号码。

13, 1, 15, 21, 16, 24, 7, 22, 3, 17, 10, 16, 25, 19, 10, 3, 9, 22, 13,

9,10,9,21,5,24,15,20,2,7,1,2,14,2,13,15,19,19,4,21,5,9,8,
7,4,22,16,2,2,3,22,18,17,12,7,25,20,6,9,7,10,2,11,6,23,9,
5,18,10,11,17,3,5,20,25,18,25,5,14,9,19,8,5,3,3,11,7,13,
16,1,18,7,7,23,8,16,3,10,5,1,5 试检验摇奖的器械或操作方法
是否有问题(显著性水平为 0.05)。

1. 提出统计假设, 给出拒绝域

设抽取的数字为 X, 它可能的取值为 1 ~ 25, 如果摇奖的器械
或操作方法没有问题, 则 1 ~ 25 这 25 个数字出现是等可能的。没
有证据证明摇奖有问题, 我们就认为摇奖是公正的, 即 1 ~ 25 这 25
个数字出现是等可能的。用 p_i 表示第 i 个数字出现的概率, 原假
设 $H_0 : p_i = 1/25$, 备择假设 $H_1 : p_i \neq 1/25 (i = 1, 2, \cdots, 25)$。

如果原假设正确, 则 1 ~ 25 这 25 个数字出现的概率是等可能
的, 均为 1/25, 那么实际上特殊号码摇出 1 ~ 25 这 25 个数字应该
和 1/25 相差不大, 如果相差太大, 说明摇奖中有问题。

用 n_i 表示实际中摇出 i 这个数字的频数, np_i 表示实际中摇出
i 这个数字的理论频数。统计量为 $X = \sum\limits_{i=1}^{r} \dfrac{(n_i - np_i)^2}{np_i}$ (原因见 02
小节)。该统计量在原假设成立时非常小, 而原假设不成立时, 结
果会变大, 所以使用右侧拒绝域。即只要统计量的值大于临界值,
就拒绝原假设。

2. 计算统计量

首先统计 1 ~ 25 这 25 个数出现的频数表如表 3-9 所示。

表 3-9　频数表

数字	1	2	3	4	5	6	7	8	9	10	11	12	13
次数	4	6	7	2	8	2	8	3	7	6	3	1	4

续表

数字	14	15	16	17	18	19	20	21	22	23	24	25	—
次数	2	3	5	3	4	4	3	3	4	2	2	4	—

已知数据是来自 100 次摇奖，所以 $n = 100$，$np_i = 100 \times 1/25 = 4$，利用统计量 X 的公式计算得：

$$X = \frac{(4-4)^2}{4} + \frac{(6-4)^2}{4} + \frac{(7-4)^2}{4} + \cdots + \frac{(4-4)^2}{4} = 21.5$$

具体计算如表 3-10 所示。

表 3-10 计算过程

点数	1	2	3	4	5	6	7	8	9
出现次数 n_i	4	6	7	2	8	2	8	3	7
p_i	1/25	1/25	1/25	1/25	1/25	1/25	1/25	1/25	1/25
np_i	4	4	4	4	4	4	4	4	4
$n_i - np_i$	0	2	3	−2	4	−2	4	−1	3
$(n_i - np_i)^2$	0	4	9	4	16	4	16	1	9
$(n_i - np_i)^2/np_i$	0	1	2.25	1	4	1	4	0.25	2.25
点数	10	11	12	13	14	15	16	17	18
出现次数 n_i	6	3	1	4	2	3	5	3	4
p_i	1/25	1/25	1/25	1/25	1/25	1/25	1/25	1/25	1/25
np_i	4	4	4	4	4	4	4	4	4
$n_i - np_i$	2	−1	−3	0	−2	−1	1	−1	0
$(n_i - np_i)^2$	4	1	9	0	4	1	1	1	0
$(n_i - np_i)^2/np_i$	1	0.25	2.25	0	1	0.25	0.25	0.25	0

续表

点数	19	20	21	22	23	24	25	—	—
出现次数 n_i	4	3	3	4	2	2	4	—	—
p_i	1/25	1/25	1/25	1/25	1/25	1/25	1/25	—	—
np_i	4	4	4	4	4	4	4	—	—
$n_i - np_i$	0	-1	-1	0	-2	-2	0	—	—
$(n_i - np_i)^2$	0	1	1	0	4	4	0	—	—
$(n_i - np_i)^2/np_i$	0	0.25	0.25	0	1	1	0	—	—

将表 3-10 的最后一行的数据相加得统计量 X 的值为 21.5。统计量中一共有 25 项平方和,所以自由度为 $25 - 1 = 24$。

在 Excel 的空白单元格处输入" = CHISQ. INV(0.95,24)",回车后得到卡方分布的 5% 的右侧分位数临界值为 36.41503。因为统计量 X 的值 21.5 比临界值 36.41503 小,未落入拒绝域,接受原假设,认为摇奖器械、操作方法没有问题,摇奖是公正的。

05 吸烟与患肺癌有关吗——独立性检验

独立性检验是用来考察两个随机变量之间有无关系。如果没有关系,认为是独立的,否则认为是有关系的,即两者是相关的。独立性是进行方差分析、回归分析等必须满足的条件,独立性检验是卡方拟合优度检验的一个重要应用。

吸烟是国际公认的致肺癌最重要因素之一。因为吸烟而患肺癌死亡的人数约为不吸烟而患肺癌死亡的人数的 10 倍以上。我国患肺癌的男性中有 70% ~ 80% 吸烟。患肺癌的女性中有 30% 吸烟或被动吸烟。因此,肺癌与吸烟是有关系的。

为了研究吸烟是否与患肺癌相关,某医疗机构随机从该城市各大医院的肿瘤科选取了 100 人,其中有 63 名肺癌患者及 37 名非肺癌患者。调查了其中的吸烟人数,得到数据如表 3-11 所示。

表 3-11　计算过程

是否吸烟	肺癌患者人数	非肺癌患者人数
吸烟	50	12
不吸烟	13	25

那么表 3-11 中的数据能不能验证吸烟与肺癌是有关系的?

独立性检验用来检验两个或两个以上因素之间是否具有独立性。因为独立性检验一般都采用表格的形式来给出观测结果,故独立性检验也称为列联表分析。当检验对象只有两个因素而且每个因素只有两项分类时,列联表就称为 2×2 列联表或四格表。

将表 3-11 扩展一下,求出每行与每列的数据的和,如表 3-12 所示。

表 3-12　数据的行、列的和

是否吸烟	肺癌患者人数	非肺癌患者人数	合计
吸烟	50	12	62
不吸烟	13	25	38
合计	63	37	100

首先提出统计假设。原假设 H_0 为吸烟和肺癌没有关系(相互独到),备择假设 H_1 为吸烟和肺癌是有关系的。独立性检验的原假设一般都设为两个事件独立。

再计算吸烟而且得肺癌的概率。由贝努利大数定律(在大量地重复试验后,事件发生的频率和概率近似相等,即频率的稳定值为概率),所以可以使用频率近似代替概率。患者吸烟的概率 = 吸烟这个事件出现的频率 $= 62/100 = 0.62$，患者不吸烟的概率 $=$ 不吸烟这个事件出现的频率 $= 38/100 = 0.38$，患者患肺癌的概率为 $63/100 = 0.63$，患者没有得肺癌的概率为 $37/100 = 0.37$。

表 3-13　吸烟与患肺癌的关系

是否吸烟	肺癌患者	非肺癌患者
吸烟	p_{11}	p_{12}
不吸烟	p_{21}	p_{22}

根据独立性的定义 $P(AB) = P(A)P(B)$，根据表 3-13，有以下关系式：

$p_{11} = P(吸烟) \times P(肺癌患者) = 0.62 \times 0.63 = 0.3906$。

$p_{12} = P(吸烟) \times P(非肺癌患者) = 0.62 \times 0.37 = 0.2294$。

$p_{21} = P(不吸烟) \times P(肺癌患者) = 0.38 \times 0.63 = 0.2394$。

$p_{22} = P(不吸烟) \times P(非肺癌患者) = 0.38 \times 0.37 = 0.1406$。

事件发生的频率等于该事件发生的频数除以总的试验次数。比如，一共买了 20 次股票，有 5 次亏钱了，则亏钱这个事件发生的频率为 $5/20$，5 称为频数。

如果原假设成立，肺癌患者吸烟的概率和肺癌患者吸烟的频率应该相差很小，也就是肺癌患者吸烟的概率 p_{11} 的 n 倍（做的试验的总数，本案例中为 100）和肺癌患者吸烟的频率的 n 倍（这就是肺癌患者吸烟的人数即频数，记作 n_{11}）应该相差很小，因此 $n_{11} - np_{11}$ 应该很小，这个差可正可负，而绝对值不好处理，所以我们使用平方来衡量差异大小。对所有的偏差 $n_{ij} - np_{ij}$ 的平方求和，就是偏差平方和。如果原假设不成立，偏差平方和有可能太大，所以把每个偏差的平方除以 np_{ij}，然后求和，作为统计量。通过以上分析，统计

量为 $X = \sum\limits_{i=1}^{r} \sum\limits_{j=1}^{s} \dfrac{(n_{ij} - np_{ij})^2}{np_{ij}}$（$r$ 和 s 分别为列联表的行数和列数）。由拟合优度检验,知该统计量服从自由度为 $(r-1)(s-1)$ 的卡方分布。当原假设不成立时,统计量的结果只能变大,所以使用右侧拒绝域,即拒绝域 $W = \{ X > \chi^2_{1-\alpha} [(r-1)(s-1)] \}$。

由表 3-12,行数和列数分别为 2,可知 $r=1, s=1$,统计量为：

$$X = \sum_{i=1}^{2} \sum_{j=1}^{2} \frac{(n_{ij} - np_{ij})^2}{np_{ij}} = \frac{(n_{11} - np_{11})^2}{np_{11}} + \frac{(n_{12} - np_{12})^2}{np_{12}} + \frac{(n_{21} - np_{21})^2}{np_{21}} + \frac{(n_{22} - np_{22})^2}{np_{22}}$$

将数据代入得统计量的值为：

$$\frac{(50 - 100 \times 0.3906)^2}{100 \times 0.3906} + \frac{(12 - 100 \times 0.2294)^2}{100 \times 0.2294} + \frac{(13 - 100 \times 0.2394)^2}{100 \times 0.2394} + \frac{(25 - 100 \times 0.1406)^2}{100 \times 0.1406} \approx 21.7929$$

卡方分布的自由度为 $(r-1)(s-1) = 1$。利用 Excel 中的 CHISQ. INV( ) 函数可以生成卡方分布的临界值,函数格式：CHISQ. INV（概率,自由度）。在 Excel 的空白单元格处输入" = CHISQ. INV(0.95,1)",然后回车即可得到结果为 3.841459。这就是卡方分布的 5% 的右侧分位数临界值。统计量 X 的值 21.7929 大于临界值 3.841459,所以落入拒绝域,拒绝原假设,认为吸烟和肺癌是有关系的。这个结果也与我们公认的结论是相符的。

06 色盲与性别有关系吗——独立性检验

先天性色觉障碍通常称为色盲,患者不能分辨自然光谱中的各种颜色或某种颜色;而对颜色的辨别能力差的则称色弱。色弱者虽然能看到正常人所看到的颜色,但辨认颜色的能力迟缓或很差,在光线较暗时,有的几乎和色盲差不多,或表现为色觉疲劳,它与色盲的界限一般不易严格区分。色盲与色弱以先天性因素为多见。男性患者远多于女性患者。

为了研究色盲和性别是否有关系,对 1000 名大学生进行问卷调查,调查其是否具有色觉障碍,得到频数分布表如表 3-14 所示。

表 3-14 频数分布表

视力情况	男	女
正常	442	514
色盲	38	6

从频数分布表 3-14 可以看出女性为色盲的比例 $6/520 = 0.0115$ 要小于男性为色盲的比例 $38/480 = 0.0792$。

对表 3-14 的行、列求和得表 3-15。

表 3-15 数据的行、列的和

视力情况	男	女	合计
正常	442	514	956
色盲	38	6	44
合计	480	520	1000

色觉正常的男性的人数为 442 人,色觉正常的女性的人数为 514 人,男性色盲的人数为 38 人,女性的色盲的人数为 6 人,即 $n_{11} = 442$,$n_{12} = 514$,$n_{21} = 38$,$n_{22} = 6$。

给出统计假设:原假设为色盲和性别无关,即独立。备择假设为色盲和性别是有关系的,即不独立。

独立意味着:色觉正常的男性的概率 p_{11} 等于色觉正常的概率

与男性的概率的乘积;色觉正常的女性的概率 p_{12} 等于色觉正常的概率与女性的概率的乘积;色盲的男性的概率 p_{21} 等于色盲的概率与男性的概率的乘积;色盲的女性的概率 p_{22} 等于色盲的概率与女性的概率的乘积。

色觉正常的概率用其频率来代替,为 $956/1000 = 0.956$。男性的概率用其频率代替,为 $480/1000 = 0.48$。色盲的概率用其频率来代替,为 $44/1000 = 0.044$。女性的概率用其频率代替,为 $520/1000 = 0.52$。所以 $p_{11} = 0.956 \times 0.48, p_{12} = 0.956 \times 0.52, p_{21} = 0.044 \times 0.48, p_{22} = 0.044 \times 0.52$。

我们考虑实际频数和理论频数 np_{ij} 的偏差,如果原假设成立,则偏差非常小,使用偏差的平方来衡量这个差异,由于使用平方来衡量,扩大了差异,所以在偏差的平方基础上除以 np_{ij},然后对所有的项求和,作为统计量,即统计量 $X = \sum\limits_{i=1}^{2} \sum\limits_{j=1}^{2} \dfrac{(n_{ij} - np_{ij})^2}{np_{ij}}$,此时 $r = 1, s = 1$。

由拟合优度检验,该统计量服从自由度为 $(r-1)(s-1) = 1$ 的卡方分布。当原假设不成立时,统计量的结果只能变大,所以使用右侧拒绝域,即拒绝域 $W = \{ X > \chi^2_{1-\alpha}(1) \}$。

$$X = \sum_{i=1}^{2} \sum_{j=1}^{2} \frac{(n_{ij} - np_{ij})^2}{np_{ij}} = \frac{(n_{11} - np_{11})^2}{np_{11}} + \frac{(n_{12} - np_{12})^2}{np_{12}} + \frac{(n_{21} - np_{21})^2}{np_{21}} + \frac{(n_{22} - np_{22})^2}{np_{22}}$$

下面使用 Excel 解决该问题。

第一,把表 3-14 数据输入 Excel 中,再对行、列求和,如图 3-40 所示。

第二,把四个频数放到 Excel 的一列中,按照 442,514,38,6 的顺序,如图 3-41 所示。

	男	女	
正常	442	514	956
色盲	38	6	44
	480	520	1000

图 3-40　输入数据，对行、列求和

	男	女		nij
正常	442	514	956	442
色盲	38	6	44	514
	480	520	1000	38
				6

图 3-41　输入频数 n_{ij}

第三，计算 p_{11}，即色觉正常的男性的概率 $p_{11}=(956/1000)\times(480/1000)=0.45888$，然后计算 p_{12}，p_{21}，p_{22}。4 个公式如图 3-42 所示。

第四，计算 np_{ij}，在 Excel 中把 p_{ij} 所在的列都乘以 1000 即可，如图 3-43 所示。

F2　fx　=D2/D4*B4/D4

	A	B	C	D	E	F
1		男	女		nij	pij
2	正常	442	514	956	442	0.45888
3	色盲	38	6	44	514	
4		480	520	1000	38	
5					6	

(a) 计算 p_{11}

F3　fx　=D2/D4*C4/D4

	A	B	C	D	E	F
1		男	女		nij	pij
2	正常	442	514	956	442	0.45888
3	色盲	38	6	44	514	0.49712
4		480	520	1000	38	
5					6	

(b) 计算 p_{12}

图 3-42

F4 =D3/D4*B4/D4

	A	B	C	D	E	F
1		男	女		nij	pij
2	正常	442	514	956	442	0.45888
3	色盲	38	6	44	514	0.49712
4		480	520	1000	38	0.02112
5					6	

(c) 计算 p_{21}

F5 =D3/D4*C4/D4

	A	B	C	D	E	F
1		男	女		nij	pij
2	正常	442	514	956	442	0.45888
3	色盲	38	6	44	514	0.49712
4		480	520	1000	38	0.02112
5					6	0.02288

(d) 计算 p_{22}

图 3-42 计算各个概率

G2 =F2*D4

	A	B	C	D	E	F	G
1		男	女		nij	pij	npij
2	正常	442	514	956	442	0.45888	458.88
3	色盲	38	6	44	514	0.49712	497.12
4		480	520	1000	38	0.02112	21.12
5					6	0.02288	22.88

图 3-43 计算 np_{ij}

第五，计算 $n_{ij}-np_{ij}$，如图 3-44 所示。

H2 =E2-G2

	A	B	C	D	E	F	G	H
1		男	女		nij	pij	npij	nij-npij
2	正常	442	514	956	442	0.45888	458.88	-16.88
3	色盲	38	6	44	514	0.49712	497.12	16.88
4		480	520	1000	38	0.02112	21.12	16.88
5					6	0.02288	22.88	-16.88

图 3-44 计算 $n_{ij}-np_{ij}$

第六,计算 $n_{ij} - np_{ij}$ 的平方,如图 3-45 所示。

	A	B	C	D	E	F	G	H	I
		男	女		nij	pij	npij	nij-npij	(nij-npij)平方
正常		442	514	956	442	0.45888	458.88	-16.88	284.9344
色盲		38	6	44	514	0.49712	497.12	16.88	284.9344
		480	520	1000	38	0.02112	21.12	16.88	284.9344
					6	0.02288	22.88	-16.88	284.9344

图 3-45　计算 $n_{ij} - np_{ij}$ 的平方

第七,计算 $n_{ij} - np_{ij}$ 的平方除以 np_{ij},如图 3-46 所示。

	A	B	C	D	E	F	G	H	I
		男	女		nij	pij	npij	nij-npij	(nij-npij)平方 (nij-npij)平方/npij
正常		442	514	956	442	0.45888	458.88	-16.88	284.9344　0.620934449
色盲		38	6	44	514	0.49712	497.12	16.88	284.9344　0.573170261
		480	520	1000	38	0.02112	21.12	16.88	284.9344　13.49121212
					6	0.02288	22.88	-16.88	284.9344　12.45342657

图 3-46　计算 $n_{ij} - np_{ij}$ 的平方除以 np_{ij}

第八,对第 7 步得到的四个数据求和即可得到统计量 X 的值,为 27.1387434。

第九,在 Excel 的空白单元格处输入 " = CHISQ. INV (0. 95,1)",回车后得到自由度为 1 的卡方分布的 5% 的右侧分位数临界值为 3.841458821,如图 3-47 所示。因为统计量的值大于临界值的值,拒绝原假设,认为性别和色盲是有关系的。

	男	女		nij	pij	npij	nij-npij	(nij-npij)平方	(nij-npij)平方/npij
正常	442	514	956	442	0.45888	458.88	-16.88	284.9344	0.620934449
色盲	38	6	44	514	0.49712	497.12	16.88	284.9344	0.573170261
	480	520	1000	38	0.02112	21.12	16.88	284.9344	13.49121212
				6	0.02288	22.88	-16.88	284.9344	12.45342657
								统计量值为	27.1387434
								临界值	3.841458821

图 3-47　计算统计量的值

注:按照上面的步骤完成后,可以保留该 Excel,以后只需更换频数数据以及 n_{ij} 所在的列的数据即可。

07　机床的不同影响产品的质量吗——独立性检验

2021 年全国高考三卷的第 17 题：

甲乙两台机床生产同种产品,产品按质量分为一级品和二级品。为了比较两台机床产品的质量,分别用两台机床各生产了 200 件产品,产品的质量情况统计如表 3-16 所示。

表 3-16　产品质量情况

机床	一级品	二级品	合计
甲机床	150	50	200
乙机床	120	80	200
合计	270	130	400

能否有 99% 的把握认为甲机床的产品质量与乙机床的产品质量有差异?

题目给了计算统计量的公式 $X = \dfrac{n(ad-bc)^2}{(a+b)(c+d)(a+c)(b+d)}$, 还给出了临界值表(分位数)如表 3-17 所示。

表 3-17　临界值表

$P(K^2 \geqslant k)$	0.050	0.010	0.001
k	3.841	6.635	10.828

在前面关于独立性的案例中给出了关于列联表独立性检验的统计量 $X = \sum\limits_{i=1}^{2} \sum\limits_{j=1}^{2} \dfrac{(n_{ij} - np_{ij})^2}{np_{ij}}$。这两个公式看起来不太一样,下面来研究下两个公式是否相同。把表 3-16 中的数据换成字母 a,

b,c,d,如表 3-18 所示。

表 3-18　产品质量情况

机床	一级品	二级品	合计
甲机床	a	b	$a+b$
乙机床	c	d	$c+d$
合计	$a+c$	$b+d$	$n=a+b+c+d$

把数据代入统计量 $X = \sum\limits_{i=1}^{2} \sum\limits_{j=1}^{2} \dfrac{(n_{ij}-np_{ij})^2}{np_{ij}}$ 中,概率使用频率来近似代替。

计算 p_{11},即甲机床生产的一级品的概率,用甲机床生产的产品的频率 $\dfrac{(a+b)}{n}$ 乘以一级品的频率 $\dfrac{(a+c)}{n}$,即 $p_{11}=\dfrac{a+b}{n}\times\dfrac{a+c}{n}$。

计算 p_{12},即甲机床生产的二级品的概率,用甲机床生产的产品的频率 $\dfrac{(a+b)}{n}$ 乘以二级品的频率 $\dfrac{(b+d)}{n}$,即 $p_{12}=\dfrac{a+b}{n}\times\dfrac{b+d}{n}$。

计算 p_{21},即乙机床生产的一级品的概率,用乙机床生产的产品的频率 $\dfrac{(c+d)}{n}$ 乘以一级品的频率 $\dfrac{(a+c)}{n}$,即 $p_{21}=\dfrac{c+d}{n}\times\dfrac{a+c}{n}$。

计算 p_{22},即乙机床生产的二级品的概率,用乙机床生产的产品的频率 $\dfrac{(c+d)}{n}$ 乘以二级品的频率 $\dfrac{(b+d)}{n}$,即 $p_{22}=\dfrac{c+d}{n}\times\dfrac{b+d}{n}$。

代入统计量公式有:

$$X = \frac{(a-np_{11})^2}{np_{11}} + \frac{(b-np_{12})^2}{np_{12}} + \frac{(c-np_{21})^2}{np_{21}} + \frac{(d-np_{22})^2}{np_{22}}$$

$$(a-np_{11})^2 = \left(a-n\frac{a+b}{n}\frac{a+c}{n}\right)^2 = \left(\frac{ad-bc}{n}\right)^2$$

$$(b - np_{12})^2 = \left(b - n\frac{a+b}{n}\frac{b+d}{n}\right)^2 = \left(\frac{bc-ad}{n}\right)^2$$

$$(c - np_{21})^2 = \left(c - n\frac{c+d}{n}\frac{a+c}{n}\right)^2 = \left(\frac{bc-ad}{n}\right)^2$$

$$(d - np_{22})^2 = \left(d - n\frac{c+d}{n}\frac{b+d}{n}\right)^2 = \left(\frac{ad-bc}{n}\right)^2$$

$$X = \frac{(ad-bc)^2}{n^3 p_{11}} + \frac{(bc-ad)^2}{n^3 p_{12}} + \frac{(bc-ad)^2}{n^3 p_{21}} + \frac{(ad-bc)^2}{n^3 p_{22}} =$$

$$\frac{(ad-bc)^2}{n}\left[\frac{1}{(a+b)(a+c)} + \frac{1}{(a+b)(b+d)} + \frac{1}{(c+d)(a+c)} + \frac{1}{(c+d)(b+d)}\right] = \frac{n(ad-bc)^2}{(a+b)(a+c)(c+d)(b+d)}$$

由此可以看出两个公式是完全相同的。

提出统计假设：原假设为甲机床的产品质量与乙机床的产品质量没有差异，即机床的不同不影响产品的质量，即为独立的。备择假设为甲机床的产品质量与乙机床的产品质量有差异，即机床的不同影响产品的质量。

使用题目给出的公式和数据进行计算。

$a = 150, b = 50, c = 120, d = 80, n = 400, ad - bc = 6000, a + b = 200, a + c = 270, c + d = 200, b + d = 130$。统计量值为 $X = 10.2564$。

在 Excel 的空白单元格处输入"$= CHISQ.INV(0.99, 1)$"，回车后得到自由度为 1 的卡方分布的 1% 的右侧分位数临界值为 6.634897，因为 X 大于临界值，拒绝原假设，认为机床的不同影响产品的质量。

为什么选取 1%？因为要求有 99% 的把握，所以显著性水平为 $1 - 99\% = 1\%$，此时选取 $P(K^2 \geqslant k) = 0.01$，此时 k 等于 6.635，k 的含义就是自由度为 1 的卡方分布的 1% 的右侧临界值。

08 使用 Excel 进行卡方拟合优度检验

以福利彩票 25 选 7(04 小节)为例,使用 Excel 进行卡方拟合优度检验。

首先将 1～25 这 25 个数字出现的频数输入 Excel 中,D 列是 1～25 这 25 个数字,E 列是这 25 个数字出现的实际频数(图 3-48)。第 F 列是 $np_i = 4$(1～25 这 25 个数字出现的理论频数)。

D	E	F
1	4	4
2	6	4
3	7	4
4	2	4
5	8	4
6	2	4
7	8	4
8	3	4
9	7	4
10	6	4
11	3	4
12	1	4
13	4	4
14	2	4
15	3	4
16	5	4
17	3	4
18	4	4
19	4	4
20	3	4
21	3	4
22	4	4
23	4	4
24	2	4
25	4	4

图 3-48 福利彩票 25 选 7 数据

然后在 Excel 中空白单元格处输入" = CHISQ. TEST(F1 : F25, E1 : E25)",把 E 列的实际频数、F 列的理论频数分别放入 CHISQ. TEST 中,其中 CHISQ. TEST(actual_range, expected_range)是进行卡方拟合优度检验的命令,命令中的第一个参数是真实频数,第二

个参数是理论频数。最后回车得到的结果为 0.490466，这个结果
为检验的 p 值，如果 p 值小于 0.05，拒绝原假设，如果大于 0.05，接
受原假设。因为 $p = 0.490466 > 0.05$，所以结论是接受原假设，认
为彩票是公正的。

09　母亲的不同吸烟习惯对新生儿体重的影响——Wilcoxon 秩和检验

　　某研究机构为了研究孕妇的不同吸烟习惯对新生儿体重的影
响，对某医院的 13 名孕妇进行调查。这 13 名孕妇中有 7 名每天吸
烟 20 支以上，6 名吸烟数目少于 20 支，甚至不吸烟。统计这些孕
妇的新生儿体重如表 3-19 所示。

表 3-19　新生儿体重表

每天吸烟数	婴儿体重(公斤)						
A(大于 20 支)	2.7	2.4	2.2	3.4	2.5	2.4	2.6
B(小于 20 支)	3.3	3.6	3.7	3.4	3.2	3.7	—

　　通过以上数据，能否说明孕妇的不同吸烟习惯对新生儿体重
是有影响的？

　　如果想使用假设检验中独立样本的 t 检验，需要判断 A 和 B 两
组数据是否服从正态分布，是否独立，且总体的方差相等，这些条
件都满足，才能使用 t 检验。我们这里不使用 t 检验，而是使用非
参数假设检验中的 Wilcoxon 秩和检验。秩和检验是用于检验两组
样本是否来自同一总体或者检验两组样本是否存在差异，均值显
著不同则必然来自不同的总体。优点是不要求知道总体的分布，

对数据的测量尺度无约束,对数据的分布要求不严格,什么类型的数据都可以做秩和检验,而且对个别的离群值也不敏感。

1. 秩

情况1:数据互不相同。已知6个数据:2,4,1,5,2.5,9,把它们按照从小到大的顺序排列:1,2,2.5,4,5,9。然后按照顺序编号,这6个数据的秩分别为:1,2,3,4,5,6。

情况2:有2个重复的数据。已知6个数据:2,4,1,5,2,9,把它们按照从小到大的顺序排列:1,2,2,4,5,9。然后按照顺序编号,编号时发现有两个2,这两个2是相同的,它们的秩应该也是一样的,而两个2分别是第2个和第3个数据,取这两个2的顺序的均值作为2的秩,即2的秩为$(2+3)/2=2.5$,这6个数据的秩分别为:1,2.5,2.5,4,5,6。

情况3:有3个重复的数据。已知6个数据为:2,4,1,2,2,9,把它们按照从小到大的顺序排列:1,2,2,2,4,9,此时数据里面有三个2,编号时发现三个2分别为第2个、第3个和第4个数据,同理取这三个顺序的均值,即2的秩为$(2+3+4)/3=3$,即三个2的秩都是3,这6个数据的秩分别为:1,3,3,3,5,6。

2. 秩和

把数据中所有的秩相加,即为秩和。

情况1中数据的秩和为$1+2+3+4+5+6=21$,情况2中数据的秩和为$1+2.5+2.5+4+5+6=21$,情况3中数据的秩和为$1+3+3+3+5+6=21$。

3. 统计量 T(秩和)

如果两组数据来自同一个总体,则它们之间的差异应该非常小,所以把两组数据按照从小到大的顺序混合在一起时,这两组数据的秩和相差不大。如果一组数据明显小于另一组数据,则这两组数据的秩和相差很大,而且数据可以明显地分开。这样的两组数据是存在显著的差异的。秩和检验就是使用秩和 T 为统计量,有两组数据,取数据数目较少的那组的秩和作为检验统计量。如果两组数据的个数相同,任意取一组。

4. 拒绝域

如果秩和这个统计量在两个临界值之间就接受原假设,如果在两个临界值之外,就拒绝原假设。秩和检验的临界值表见附表。(注:本书只考虑显著性水平为 0.05 的双侧的秩和检验,其他的单侧秩和检验和显著性水平不考虑。)

拒绝域 $W = \{ T < T_1(m,n), T > T_2(m,n) \}$,其中 $T_1(m,n)$,$T_2(m,n)$ 分别为左右临界值,m,n 为两组数据的容量。

下面考虑案例的数据。把 13 个数据按照从小到大的顺序混合在一起,有:

2.2,2.4,2.4,2.5,2.6,2.7,**3.2,3.3,3.4**,3.4,**3.6,3.7,3.7**

秩分别为:

1,2.5,2.5,4,5,6,7,8,**9.5**,9.5,11,**12.5,12.5**

因为 B 组数据少于 A 组数据,使用 B 组数据的秩和。检验统计量 $T = 7 + 8 + 9.5 + 11 + 12.5 + 12.5 = 60.5$,取显著性水平为 0.05,查秩和检验的临界值表,得两个临界值分别为 $T_1(6,7) = 30$,$T_2(6,7) = 54$,将 $T = 60.5$ 与 $T_1 = 30$,$T_2 = 54$ 做比较,$T > T_2$,样本观测值落入拒绝域,则拒绝原假设,认为两组数据有显著性差异。即孕妇的不同吸烟习惯对新生儿体重的影响是有影响的。A 组的新生儿体重的均值为2.6，B组的新生儿体重的均值为3.48，吸烟少或者不吸烟的孕妇的新生儿体重明显高于吸烟多的孕妇。为了孩子的健康着想，孕期不要吸烟或者少吸烟。

10 劳动生产率——Wilcoxon 秩和检验

某零件加工厂有 2 个组同时加工某一种零件，为了看哪组生产的效率更高，请这两个组的工人分别在一个小时内加工该零件，统计工人们的劳动生产率如表 3-20 所示。

表 3-20 劳动生产率　　　　（单位:件/小时）

组别	零件的件数									
组 A	28	33	39	40	41	42	29	36	36	38
组 B	36	35	37	41	39	29	30	34	42	36

通过以上数据，判断两个组的平均劳动生产率有无显著性差异。

把 20 个数据按照从小到大的顺序混合在一起，为：

28,29,**29,30**,33,**34,35,36,36**,36,36,**37**,38,39,**39**,40,41,

41,42,42

秩分别为：

1,2.5,**2.5**,4,5,**6,7,9.5,9.5**,9.5,9.5,**12**,13,14.5,**14.5**,16,

17.5,**17.5,19.5**,19.5

因为两组数据个数相同，因此使用哪组的秩和都可以，我们不妨使用 B 组的数据的秩和。检验统计量 $T = $ **2.5 + 4 + 6 + 7 + 9.5 +**

9.5 + 12 + 14.5 + 17.5 + 19.5 = 102，取显著性水平为 0.05，查秩和检验的临界值表（表 3-21），得两个临界值分别为 $T_1(10,10) = 83$，

$T_2(10,10)=127$, 将 $T=102$ 与 $T_1=83, T_2=127$ 做比较, 发现 $T_1 < T < T_2$, 样本观测值落入接受域, 则接受原假设, 认为两组工人的平均劳动生产率无显著性差异。

表 3-21 Wilcoxon 秩和检验临界值表

m	n	T_1	T_2	m	n	T_1	T_2
2	4	3	11	5	5	19	36
	5	3	13		6	20	40
	6	4	14		7	22	43
	7	4	16		8	23	47
	8	4	18		9	25	50
	9	4	20		10	26	54
	10	5	21	6	6	28	50
3	3	6	15		7	30	54
	4	7	17		8	32	58
	5	7	20		9	33	63
	6	8	22		10	35	67
	7	9	24	7	7	39	66
	8	9	27		8	43	76
	9	10	29		9	43	76
	10	11	31		10	46	80
4	4	12	24	8	8	52	84
	5	13	27		9	54	90
	6	14	30		10	57	95
	7	15	33	9	9	66	105
	8	16	36		10	69	111
	9	17	39	10	10	83	127
	10	18	42	—	—	—	—

第四部分　方差分析

01　哪一种饲料的增肥效果最好1——问题求助

为了提高收益,养鸡场场主决定开始使用饲料养鸡。有三种不同品牌饲料的推销员来到养鸡场,宣称自己的饲料增肥效果最好,说得是天花乱坠,养鸡场的场主觉得三种饲料都很好,难以抉择。无奈之下,他在网上求助了数据分析师,帮助他选择最好的饲料来养鸡。

这三种饲料配方分别为 A_1, A_2, A_3。A_1 是以鱼粉为主的饲料,A_2 是以槐树粉为主的饲料,A_3 是以苜蓿粉为主的饲料。为比较三种饲料的效果,数据分析师对养鸡场的场主做出以下要求:

①三种饲料各买一些,每种饲料要求满足 8 只鸡吃 60 天的。

②选 24 只相似的雏鸡随机均分为三组,每组各喂一种饲料,60 天后观察它们的重量。把 24 只鸡的重量记录下来,交给数据分析师。

好的饲料可以使鸡快速增肥,体重增加,所以可以用鸡的体重作为衡量饲料好与坏的标准和指标,也可以理解为不同配方的饲料对鸡的体重影响。在其他管理条件都不变且分组合理的情况下,饲料是影响鸡体重增加的主要因素。因此该问题可以归结为在喂食不同饲料的影响下,通过比较鸡体重的增长情况,比较 3 组鸡的体重数据有无不同,差异性是否具有统计学意义,从而判断哪种饲料最适合场主,便于他今后大批量购买使用且获得最大收益。

鸡的重量如表 3-22 所示。

表 3-22　鸡的重量　　　　　　　　　　　（单位：克）

饲料	鸡的重量							
鱼粉	1073	1009	1060	1001	1002	1012	1009	1028
槐树粉	1107	1092	990	1109	1090	1074	1122	1001
苜蓿粉	1093	1029	1080	1021	1022	1032	1029	1048

数据分析师要比较的是三种饲料对鸡的增肥作用是否相同，即比较三种饲料配方喂养下鸡的平均重量是否相等。把饲料称为因子，三种不同的配方称为因子的三个水平，记为 A_1, A_2, A_3，使用第 i 种饲料配方 A_i 下第 j 只鸡 60 天后的重量用 y_{ij} 表示，$i = 1, 2, 3$，$j = 1, 2, \cdots, 8$。

为考察某因子对实验结果的影响，把其他因子固定，把该因子控制在几个不同水平上进行试验，这就是单因素方差分析。

02　哪一种饲料的增肥效果最好 2——偏差平方和

方差分析又称"变异数分析"或"F 检验"，是由罗纳德·费希尔（Ronald Fisher，1890~1962）发明的，主要比较两个及以上总体均值是否有显著性差异。或者说比较因变量在多个不同组中的均值差异。

统计中的变异是普遍存在的，一般意义上的变异是指标志（包括品质标志和数量标志）在总体单位之间的不同表现。如性别标志表现为男、女，这种差别称为变异。变异分为属性变异和数值变异。

同一水平下不同重复观测值的差异是由偶然因素影响造成的（如测量误差），即试验误差，又称组内变异。比如，每组的 8 只雏鸡是随机选择的,它们相似又具有随机性。

不同水平之间平均数的差异主要是由不同水平的效应造成的,称处理间变异,又称组间变异。比如,不同饲料引起的鸡的重量的差异。

总变异(总的偏差平方和)可分解为组间变异(组间偏差平方和)和组内变异(组内偏差平方和)两部分。

当选择样本时,样本值尽量接近总体均值,效果会更好,我们希望样本的组内变异越小越好,组间变异越大越好。这样才能看出因素的不同水平是否有显著性差异。通过计算组间变异和组内变异之比,可以判断组间变异是否是起到决定性作用的因素。如果组间变异起到决定性作用,则说明均值之间有显著性差异。

下面数据分析师使用 Excel 解决饲料养鸡问题的总的偏差平方和、组内偏差平方和、组间偏差平方和。

(1)每组的均值

对这 3 个水平下的鸡的重量分别求均值,如表 3-23 所示。

表 3-23　每种饲料配方下的均值　　　(单位:克)

鱼粉	槐树粉	苜蓿粉
1024.25	1073.125	1044.25

将 3 个水平下的均值表示为 $\bar{x}_1 = 1024.25, \bar{x}_2 = 1073.125, \bar{x}_3 = 1044.25$。通过比较 3 个均值,可以看出第 2 种饲料即槐树粉对鸡的增肥效果比较好。但是仅仅这样比较还是不科学的,没有多少说服力。

(2)计算总的均值

将原始的 24 个数据相加,除以 24,得到 24 个数据的总的均值为 1047.208。

（3）总的偏差平方和

把 24 个数据放在一列中（表 3-24）。第一列为 24 只鸡的重量，第二列为第一列的数据减去均值 1047.208 得到的偏差。第三列为第二列的平方，记为偏差平方。

表 3-24　总的偏差平方和的计算

鸡的重量（克）	偏差（克）	偏差的平方
1073	25.792	665.2273
1009	−38.208	1459.851
1060	12.792	163.6353
1001	−46.208	2135.179
1002	−45.208	2043.763
1012	−35.208	1239.603
1009	−38.208	1459.851
1028	−19.208	368.9473
1107	59.792	3575.083
1092	44.792	2006.323
990	−57.208	3272.755
1109	61.792	3818.251
1090	42.792	1831.155
1074	26.792	717.8113
1122	74.792	5593.843
1001	−46.208	2135.179
1093	45.792	2096.907
1029	−18.208	331.5313
1080	32.792	1075.315
1021	−26.208	686.8593
1022	−25.208	635.4433
1032	−15.208	231.2833
1029	−18.208	331.5313
1048	0.792	0.627264

考虑 24 个数据距离总均值的偏差,如果把所有的偏差求和,则为 0。而且偏差有正有负,所以考虑所有偏差的平方和,称为总的偏差平方和,用 S_T 表示。

$$S_T = \sum_{i=1}^{3} \sum_{j=1}^{8} (x_{ij} - \bar{x})^2 = (1073 - 1047.208)^2 + (1009 - 1047.208)^2 + \cdots + (1028 - 1047.208)^2 + (1107 - 1047.208)^2 + (1092 - 1047.208)^2 + \cdots + (1001 - 1047.208)^2 + (1093 - 1047.208)^2 + (1029 - 1047.208)^2 + \cdots + (1048 - 1047.208)^2 = 37875.96$$

(4)组内偏差平方和

针对每组数据,计算它们与本组数据的均值的偏差平方和,这种偏差平方和称为误差平方和或者组内偏差平方和,记为 S_E。

以鱼粉组为例,把 8 个数据放在一列中(表 3-25)。鸡的平均重量为 1024.25 克。第二列为第一列的数据减去均值得到的偏差。第三列为第二列的平方。对第三列数据求和,所得即鱼粉组的偏差平方和,为 5319.5。

表 3-25 鱼粉与其均值的偏差的平方的计算

鸡的重量	偏差	偏差的平方
1073	48.75	2376.5625
1009	−15.25	232.5625
1060	35.75	1278.0625
1001	−23.25	540.5625
1002	−22.25	495.0625
1012	−12.25	150.0625
1009	−15.25	232.5625
1028	3.75	14.0625
1024.25(本列的均值)		5319.5(本列的和)

以同样的方式算出槐树粉和苜蓿粉组的偏差平方和,分别为 17576.88 和 5319.5。所以,组内偏差平方和为 $S_E = 5319.5 + 17576.88 + 5319.5 = 28215.88$。组内变异为 $28215.88/21 = 1343.613$(21 为自由度,即 $24 - 3 = 21$)。

(5)组间偏差平方和

组间偏差平方和为每种饲料配方下的均值减去总的均值,再平方,然后乘以组内的数据的个数,最后求和,即 $S_A = \sum\limits_{i=1}^{3}\sum\limits_{j=1}^{8}(\bar{x}_i - \bar{x})^2 = 8\sum\limits_{i=1}^{3}(\bar{x}_i - \bar{x})^2 = 8[(1024.25 - 1047.208)^2 + (1073.125 - 1047.208)^2 + (1044.25 - 1047.208)^2] = 9660.083$。

事实上,总的偏差平方和等于组内偏差平方和与组间偏差平方和之和,即 $S_T = S_E + S_A$。展开来看,$S_T = \sum\limits_{i=1}^{3}\sum\limits_{j=1}^{8}(x_{ij} - \bar{x})^2 = \sum\limits_{i=1}^{3}\sum\limits_{j=1}^{8}(x_{ij} - \bar{x}_i)^2 + \sum\limits_{i=1}^{3}\sum\limits_{j=1}^{8}(\bar{x}_i - \bar{x})^2$。

所以,我们在方差分析的计算中,可以只计算其中两个。

03 哪一种饲料的增肥效果最好3——F 检验

1. 组内变异和组间变异

(1)自由度

求 x,y,满足 $x + y = 1$,此时 y 被 x 取值所限制,是随着 x 的改变而改变的,所以自由度为1,即能自由改变的只有 x,因为有一个约束条件 $x + y = 1$。

统计中的自由度也可以类似解释,就是独立的随机变量的个数。

（2）组间变异和组内变异

总的偏差的平方和 S_T 里面一共 24 个平方项，但是由于所有的偏差的平方和为 0，相当于有一个约束条件。所以总的偏差平方和 S_T 自由度为 23。

本案例中一共有 3 种饲料，此时水平数为 $r = 3$，但是所有的组间偏差的平方和为 0，相当于有一个约束条件，所以自由度为 $r - 1$。故组间偏差的平方和 S_A 的自由度为 $3 - 1 = 2$。组间变异为 $9660.083/2 = 4830.042$。

组内偏差的平方和的自由度为 $n - r = 24 - 3 = 21$。所以组内变异为 $S_E/21 = 28215.88/21 = 1343.613$。

2. 假设检验

给出统计假设。原假设：各种饲料对鸡的增肥的效果没有什么区别。备择假设：各种饲料对鸡的增肥的效果有区别。

在原假设成立的条件下，组间变异和组内变异的比值这个统计量服从第一自由度为 2，第二自由度为 21 的 F 分布。该检验称为 F 检验。

当原假设不成立时，组间平方和的期望会变大，因此采用右侧拒绝域，即 $W = \{F > F_{1-\alpha}(r-1, n-r)\}$。

根据上面的计算，组内变异为 1343.613，组间变异为 4830.042，组内变异小于组间变异。此时可以认为是饲料的不同引起了鸡的重量的差异。

计算 F 统计量的值，得 $F = 4830.042/1343.613 \approx 3.594816$。在 Excel 的空白单元格处输入" $= F.INV(0.95, 2, 21)$ "，回车后得到 F 检验的右侧分位数临界值为 $F_{0.95}(2, 21) = 3.4668$，统计量的

值 3.594816 大于临界值 3.4668,落入显著性水平为 0.05 的拒绝域,拒绝原假设,认为各种饲料对鸡的增肥效果是有显著性区别的。

做方差分析时需要列方差分析表如表 3-26 所示。

表 3-26　方差分析表

偏差平方和		自由度	均方差	F 值
组间偏差平方和 S_A	9660.083	2	4830.042	
组内偏差平方和 S_E	28215.88	21	1343.613	3.594816
总的偏差平方和 S_T	37875.96	23	—	

04　哪一种饲料的增肥效果最好 4——答案揭晓

由 F 检验我们知道 3 种饲料对鸡的增肥效果是有显著性区别的,那么到底哪种饲料对鸡的增肥效果最明显呢?

由 02 小节的计算,3 种饲料配方喂养下的鸡的重量的均值表示为 1024.25、1073.125、1044.25,比较这 3 个数值,发现第二种饲料配方即槐树粉对鸡的增肥效果最明显,所以应该选择槐树粉作为养鸡的饲料。

如果由 F 检验发现饲料的不同配方对鸡的重量的影响没有什么显著性区别,怎么办呢? 那就选择最省钱的那种即可。

05　使用 Excel 中的数据分析进行单因素方差分析

如果前面介绍的过程实在看不懂,那也没关系。我们可以使用 Excel 中的数据分析中的单因素方差分析直接输出结果,不需要了解原理,简单好用。

1. 使用 Excel 进行方差分析

将数据分析导入 Excel,点击"数据分析",出现数据分析菜单,如图 3-49 所示,选择"方差分析:单因素方差分析",点击"确定",进入单因素方差分析菜单,如图 3-50 所示。

图 3-49　数据分析功能

把 24 个数据都选中,注意数据输入时每一种饲料配方一列。选择数据后点击确定即可出现单因素方差分析界面。在输入区域中输入"A1:C9",分组方式为列,勾选标志位于第一行,显著性水平为 0.05,如果是其他的,可更改数值。点击确定即可输出方差分析结果,如图 3-51 所示。

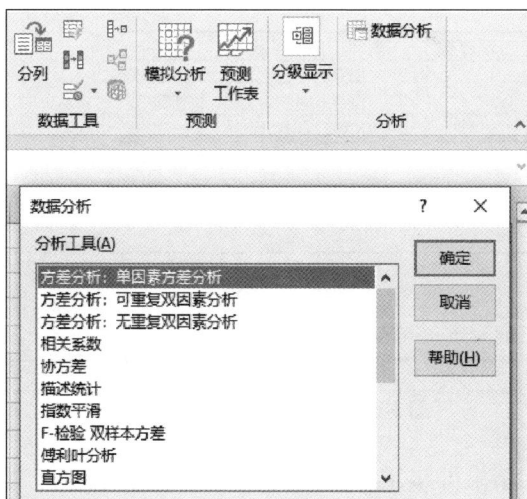

图 3-50　单因素方差分析

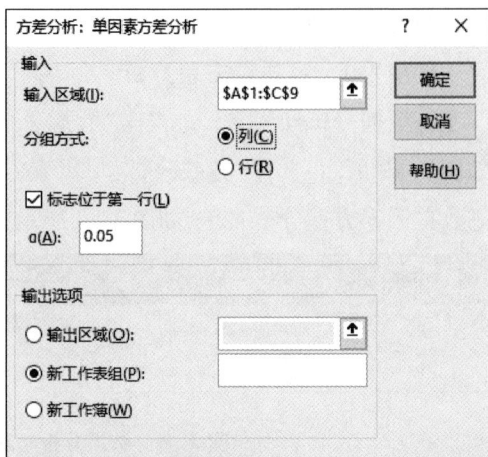

鱼粉	槐树粉	苜蓿粉
1073	1107	1093
1009	1092	1029
1060	990	1080
1001	1109	1021
1002	1090	1022
1012	1074	1032
1009	1122	1029
1028	1001	1048

图 3-51　单因素方差分析界面

2. 输出结果

（1）结果分析

使用单因素方差分析后，Excel 输出的结果如图 3-52 所示。

方差分析：单因素方差分析

SUMMARY

组	观测数	求和	平均	方差
鱼粉	8	8194	1024.25	759.9286
槐树粉	8	8585	1073.125	2510.982
苜蓿粉	8	8354	1044.25	759.9286

方差分析

差异源	SS	df	MS	F	P-value	F crit
组间	9660.083	2	4830.042	3.594816	0.045432	3.4668
组内	28215.88	21	1343.613			
总计	37875.96	23				

图 3-52　单因素方差分析的结果

由输出结果可知，组间偏差平方和 S_A 为 9660.083，组内偏差平

方和为 S_E 为 28215.88,总的偏差平方和为 37875.96,df 表示自由度,分别为 2,21,23。MS 为均方差,由偏差平方和除以自由度得到。F 值为 3.594816。此处给出 p 值,结果为 0.045432,它小于显著性水平 0.05,拒绝原假设,认为 3 种饲料配方对鸡的增肥有显著性区别。

（2）描述统计

如果想得到其他的统计量,如均值等,可以选择数据分析的描述统计,点击确定即可,如图 3-53 和图 3-54 所示。

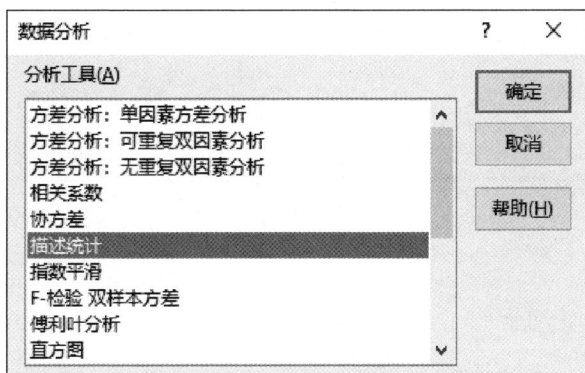

图 3-53　描述统计界面

输出结果如表 3-27 所示。

表 3-27　描述统计表

统计量	鱼粉	槐树粉	苜蓿粉
平均值	1024.25	1073.125	1044.25
标准误差	9.746336	17.71645	9.746336
中位数	1010.5	1091	1030.5
众数	1009	—	1029
标准差	27.5668	50.1097	27.5668

续表

统计量	鱼粉	槐树粉	苜蓿粉
方差	759.9286	2510.982	759.9286
峰度	−0.18027	−0.3489	−0.18027
偏度	1.173712	−1.11454	1.173712
极差	72	132	72
最小值	1001	990	1021
最大值	1073	1122	1093
求和	8194	8585	8354
观测数	8	8	8

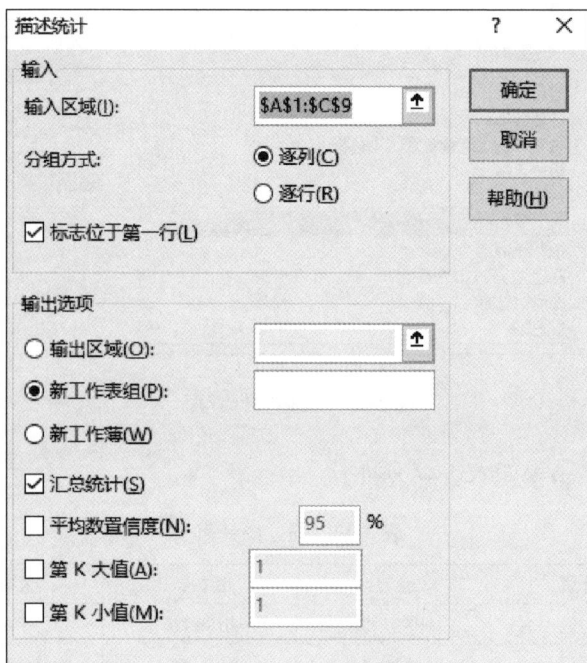

图 3-54　汇总统计

极差即最大值减去最小值。

06 包装的不同是否会影响销售量

某食品公司想知道不同的包装是否会对他们新开发的酸奶的销量产生影响，该公司一共设计了四种新包装。为考察哪种包装最受顾客欢迎，选了 10 个地段繁华程度相似、规模相近的不同超市做试验，指定两个超市销售两种包装，另外三个超市销售其他两种包装。在试验期内要求各超市货架排放的位置、空间都相同，营业员的促销手段也相同。一天之后，记录其销售量数据，如表 3-28 所示。考察包装的不同是否影响酸奶的销售量。如果影响销售量的话，应该选择哪一种包装最好？

表 3-28 酸奶的销售量

包装类型	销售量（包）		
A_1	12	18	—
A_2	14	12	13
A_3	19	17	21
A_4	24	30	—

首先做出统计假设。原假设为四种包装的销量没有显著性区别；备择假设为四种包装的销量有显著性影响。然后进行计算。

方法 1（使用 Excel 中的数据分析的单因素方差分析）

数据输入 Excel 如表 3-29 所示。

表 3-29 输入 Excel 的数据形式

第一种包装	第二种包装	第三种包装	第四种包装
12	14	19	24

第一种包装	第二种包装	第三种包装	第四种包装
18	12	17	30
—	13	21	—

将数据分析导入 Excel，点击数据分析—单因素方差分析，如图 3-55 所示。

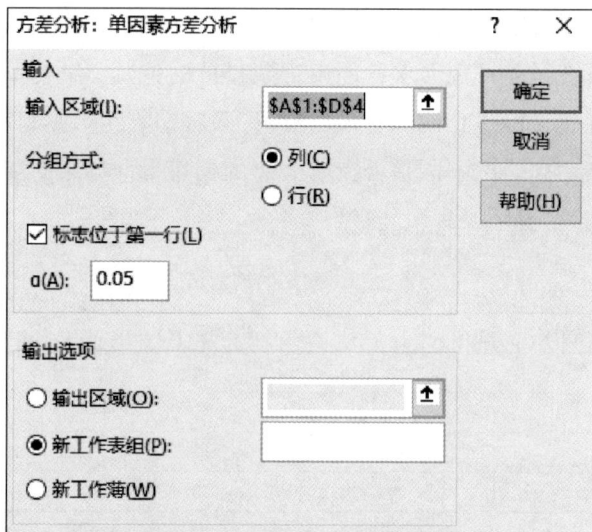

图 3-55　单因素方差分析界面

输出结果如图 3-56 所示。

结果解释：

（1）SUMMARY

第一种包装的销量的平均值为 15，方差为 18；第二种包装的销量的平均值为 13，方差为 1；第三种包装的销量的平均值为 19，方差为 4；第四种包装的销量的平均值为 27，方差为 18。

方差分析: 单因素方差分析

SUMMARY

组	观测数	求和	平均	方差
第一种包装	2	30	15	18
第二种包装	3	39	13	1
第三种包装	3	57	19	4
第四种包装	2	54	27	18

方差分析

差异源	SS	df	MS	F	P-value	F crit
组间	258	3	86	11.21739	0.007135	4.757063
组内	46	6	7.666667			
总计	304	9				

图 3-56　方差分析表

（2）方差分析

组间偏差平方和 S_A 为 258，自由度为 3，均方差为 86，组内偏差平方和 S_E 为 46，自由度为 6，均方差为 7.6，总的偏差平方和 S_T 为 304，自由度为 9。从而计算统计量 F 的值为 11.21739，F 的临界值（$F-\text{crit}$）为 4.757063，F 值大于临界值，拒绝原假设，认为包装的不同对销售的影响有显著性区别。对应的 p 值为 0.007135 < 0.05，同样做出拒绝原假设的结论。比较四种不同包装下的销量的均值，发现第四种包装的平均值最大，为 27。因此可选取第四种包装作为以后生产的酸奶的统一包装。

方法 2（使用公式计算）

求出总的均值。把 10 个数据相加，除以 10，得到总均值为 18。具体求解过程如表 3-30 所示。

表 3-30　求总的均值和每种包装下的销售量的均值

项目	第一种包装	第二种包装	第三种包装	第四种包装
求和	30	39	57	54
均值	15	13	19	27

总的均值为 $(30 + 39 + 57 + 54)/10 = 18$。

求出总的偏差平方和 S_T。把所有的销量都减去总均值 18 得到偏差，求偏差平方，再对所有的偏差平方求和，得到总的偏差平方和为 304，自由度为 $10 - 1 = 9$。

总的偏差平方和的计算过程为 $S_T = (12 - 18)^2 + (18 - 18)^2 + (14 - 18)^2 + (12 - 18)^2 + (13 - 18)^2 + (19 - 18)^2 + (17 - 18)^2 + (21 - 18)^2 + (24 - 18)^2 + (30 - 18)^2 = 304$。

求组内偏差平方和 S_E。把所有的销量都减去各组的均值(15，13，19，27)得到偏差，将偏差平方，再对所有的偏差平方求和，得到组内偏差平方和为 46，自由度为 $10 - 4 = 6$。$S_E = (12 - 15)^2 + (18 - 15)^2 + (14 - 13)^2 + (12 - 13)^2 + (13 - 13)^2 + (19 - 19)^2 + (17 - 19)^2 + (21 - 19)^2 + (24 - 27)^2 + (30 - 27)^2 = 46$。均方差为 $46/6 = 7.667$。

组间偏差平方和 $S_A = S_T - S_E = 258$，自由度为 $4 - 1 = 3$，均方差为 $258/3 = 86$。

$F = 86/7.667 = 11.21739$，临界值为 $F_{0.95}(3,6) = 4.757063$，因为 $F > 4.757063$，拒绝原假设，即四种包装的销量有显著性差异，而第四种包装的均值 27 最大，所以选择第四种包装。

第五部分 回归分析

预备知识

相关系数:两个随机变量 X 和 Y 的相关系数定义为:

$$r = \frac{E(XY) - E(X)E(Y)}{\sqrt{D(X)D(Y)}}$$

01 足长和身高有关系吗

变量之间的关系分为两类。一类是确定性关系,比如,正方形面积公式为边长的平方,可以使用确定的函数来表示。另一类是相关关系,比如,人的身高和体重是有关系的,但是有没有一个函数来给出两者之间的确定关系呢? 个子高的人体重一定轻? 一定重? 这些都没有定论。相关关系即两者是有关系的,但是无法通过公式给出其关系。相关关系中的所有的变量中至少有一个是随机变量。如果变量中只有一个是随机变量(因变量),而其余变量为非随机变量(自变量),这就是回归分析;如果变量均为随机变量,而且变量之间的地位相等,这就是相关分析。相关分析研究的是现象之间是否相关、相关的方向和密切程度,一般不区别自变量或因变量。回归分析是用来进行预测的,即根据已有的数据对给出回归方程,利用回归方程预测已知自变量时因变量的值。

人的身高和体重是相关的。我们经常听说,警察根据罪犯在现场的脚印,可以估算出罪犯的身高,由此可以看出足长和身高是有关系的。科学家们测量了许多人的身高和脚印长度之后，得出了从脚印长度推算身高的公式：身高（厘米）= 足长（厘米）× 6.876。当然这个公式是根据大量的数据计算出来的，使用的方法就是回归分析。这个公式中的系数是不是绝对正确呢？答案是否定的。据研究，不同地区的人的身高与足长比例也是有些差异的。比如，上海人身高为足长乘以系数 6.75，东北地区的系数为 6.876，重庆的系数为 6.856，陕西的系数为 6.734 等。因此根据足长推算身高除了要准确测出赤足长外，还须考虑地区因素。

如何知道本地区的人的身高和足长的系数呢？可以通过各种渠道得到大量的身高及足长数据，使用回归分析的方法进行拟合，得到回归方程，再进行假设检验，验证身高和足长确实具有线性关系，这样得到的回归方程就可以使用了，即当知道一个人的足长时，可以预测他的身高。

在讨论身高和足长的关系时，由于因变量为身高，而自变量为足长，只有一个自变量，此时的回归分析为一元回归分析。如果两者有线性关系，则为一元线性回归分析。

英国生物统计学家高尔顿（Galton）在研究身高的遗传问题时最早提出了"回归"（regression）一词。他通过调查研究发现：个子高的（矮）父母的儿子一般高（矮）于平均值，但不像他们的父母那么高（矮），即儿子们的高度将趋向于"回归"到平均值而不是更趋极端，这就是"回归"的原始含义。这解释了人类经过数千年的进化，为什么没有变成要么都是高个子，要么都是矮个子。现在回归分析成为机器学习和数理统计中最常用的预测手段，主要是研究变量间相关关系。

02 如何知道足长和身高有无关系——散点图

已知 20 个成年男子的足长和身高的数据如表 3-31 所示。下面研究足长和身高的关系。

表 3-31 足长和身高的数据

序号	1	2	3	4	5	6	7	8	9	10
足长(厘米)	25.5	27.5	25.7	25	24.8	26.1	25.9	25	25.4	26.2
身高(厘米)	179	183	179	175	174	175	176	175	175	178
序号	11	12	13	14	15	16	17	18	19	20
足长(厘米)	26	25.7	26.1	25.5	26.5	25.5	25.4	25.8	26	26.5
身高(厘米)	180	180	176	180	179	177	178	178	181	177

我们现在已经了解到足长和身高是有关系的,可以做回归分析。那么足长和身高到底是什么关系呢? 可以通过画散点图来研究它们之间的关系。画散点图是进行回归分析之前非常必要的一步。

散点图是指数据点在直角坐标系平面上的分布图,用于回归分析,表示因变量随自变量的变化而变化的大致趋势,据此可以选择合适的函数对数据点进行拟合。

用 x 表示足长,y 表示身高,把 20 对数据在平面直角坐标系中画出来,这就是散点图。这样 20 个数据就对应坐标平面上的 20 个点,可以看一下这些数据具有什么样的函数关系,如线性关系、指数关系、倒数关系等,可以分别选取不同的函数进行拟合,然后将其图形连同散点图都画在同一个坐标系下,观察哪个图形和散点图最接近。当然这个不太严谨，统计中一般是使用相关系数来决定。

下面进行回归分析的第一步：画散点图。

第一，把数据输入 Excel，将身高和足长两个数据单元格选中，点击"插入"菜单下的"推荐的图表"。

第二，点击所有的图标，选中"XY 散点图"，选择第一个，点击确定即可。点击图标标题，输入标题名称"足长和身高的关系的散点图"，如图 3-57 所示。

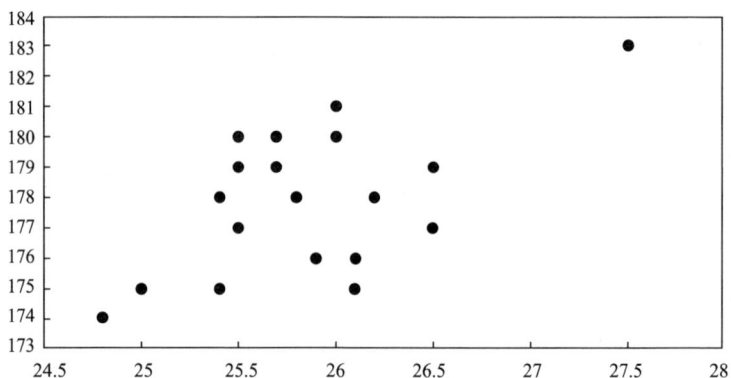

图 3-57　足长和身高的关系的散点图

可以看出 x, y 有相关关系，但是是不是有线性关系不太确定。我们可以先使用线性回归来拟合一下，看效果如何。一般使用回归分析解决问题时，线性回归是首选项，还可以选择二次函数等。

03 足长和身高是什么关系——使用最小二乘法求回归方程

可以在散点图上画一条直线（"插入"菜单下的"形状"，选择直线），使所有的数据点都在该直线的周围，如图 3-58 所示。

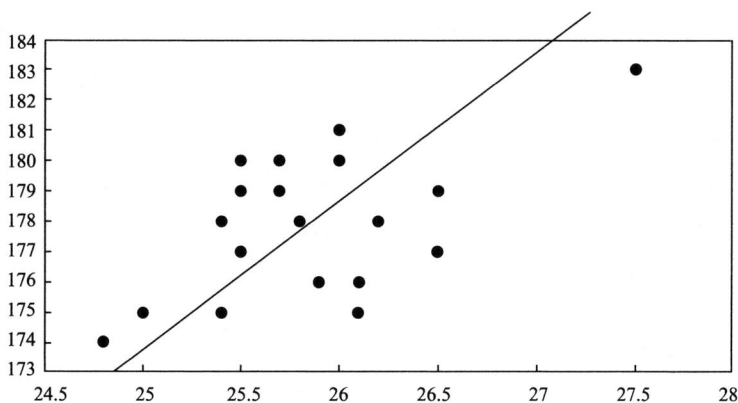

图 3-58　画出直线的散点图

使用一元线性回归的方法研究足长和身高的关系。此时假设 x 和 y 为线性关系，即可以设随机变量 y 和 x 的关系式为 $y = ax + b$。但是从散点图可以看出数据并没有完全落在直线上，同一个足长，对应的真实值和拟合值（拟合的直线上的纵坐标）有一定的误差。用 ε 表示误差，误差为随机变量，且服从正态分布。因此一元回归分析的数学模型可设为 $y = ax + b + \varepsilon$，a, b 为回归系数。如果求出回归系数，使用 $\hat{y} = ax + b$ 来拟合已知的数据。将 (x_i, y_i)，$i = 1, 2, \cdots, 20$，代入数学模型得 $y_i = ax_i + b + \varepsilon_i$。

一元线性回归的任务是依据 (x, y) 的 20 组观测数据对回归系数 a, b 进行估计，给出回归模型，对模型进行检测，并在此基础上进行预测与控制等。

求一元线性回归的系数问题的方法是最小二乘法。在介绍最小二乘法以前，我们先看如何求回归方程的系数。

通过图 3-58 可以看出，真实的身高值和使用线性回归得到的拟合值是有一定的差距的，这个差距就是误差。如果线性回归方程真的能表示数据的走向趋势，则误差会非常小。同时，误差有正有负，因此可以用误差的平方表示真实值和拟合值之间的差距。我们希望所有的真实值和拟合值的误差都很小，这样得到的回归方程效果会更好，所以把所有的误差的平方相加，然后对其取最小值，此时的 a 和 b 就是要求的回归系数。确定参数，使得误差平方和最小的方法就是最小二乘法。

求 a 和 b，使误差平方和 $Q(a, b) = \sum_{i=1}^{n} \varepsilon_i^2 = \sum_{i=1}^{n} (y_i - ax_i - b)^2$ 最小。由微积分的极值原理对误差平方和求一阶偏导数，并令其为 0，得到二元线性方程组，解之可得：

$$\hat{a} = \sum_{i=1}^{n} (x_i - \bar{x})(y_i - \bar{y}) \Big/ \sum_{i=1}^{n} (x_i - \bar{x})^2$$

其中，$\sum_{i=1}^{n} (x_i - \bar{x})^2$ 表示 x 的每一个取值 x_i 与其均值 $\bar{x}$ 的偏差平方和，表征 x 取值的分散程度。即把每一个 x_i 减去均值，再平方，然后相加。而 $\sum_{i=1}^{n} (x_i - \bar{x})(y_i - \bar{y})$ 是对每一对观测数据都先计算 x_i 减去均值，再计算 y_i 减去 y 的均值，然后两者相乘，把这 20 个乘积相加。

那么 b 呢？b 的估计公式为 $\hat{b} = \bar{y} - a\,\bar{x}$，从而得经验回归方程为 $\hat{y} = \hat{b} + \hat{a}x$。

具体的数据计算表格如表 3-32 和表 3-33 所示。

表 3-32　求足长的偏差平方和

足长（厘米）	均值	偏差	偏差平方
25.5	25.805	0.305	0.093025
27.5	25.805	1.695	2.873025
25.7	25.805	−0.105	0.011025
25	25.805	−0.805	0.648025
24.8	25.805	−1.005	1.010025
26.1	25.805	0.295	0.087025
25.9	25.805	0.095	0.009025
25	25.805	−0.805	0.648025
25.4	25.805	−0.405	0.164025
26.2	25.805	0.395	0.156025
26	25.805	0.195	0.038025
25.7	25.805	−0.105	0.011025
26.1	25.805	0.295	0.087025
25.5	25.805	−0.305	0.093025
26.5	25.805	0.695	0.483025
25.5	25.805	−0.305	0.093025
25.4	25.805	−0.405	0.164025
25.8	25.805	−0.005	0.000025
26	25.805	0.195	0.038025
26.5	25.805	0.695	0.483025

对表 3-32 的第 4 列中的数据求和，即得到 x 的偏差平方和

$$\sum_{i=1}^{n} \left(x_i - \bar{x} \right)^2 = 7.1895。$$

表 3-33　求"足长 × 身高"的偏差平方和

足长(厘米)	足长的偏差	身高(厘米)	身高的偏差	足长的偏差 × 身高的偏差
25.5	-0.305	179	1.25	-0.38125
27.5	1.695	183	5.25	8.89875
25.7	-0.105	179	1.25	-0.13125
25	-0.805	175	-2.75	2.21375
24.8	-1.005	174	-3.75	3.76875
26.1	0.295	175	-2.75	-0.81125
25.9	0.095	176	-1.75	-0.16625
25	-0.805	175	-2.75	2.21375
25.4	-0.405	175	-2.75	1.11375
26.2	0.395	178	0.25	0.09875
26	0.195	180	2.25	0.43875
25.7	-0.105	180	2.25	-0.23625
26.1	0.295	176	-1.75	-0.51625
25.5	-0.305	180	2.25	-0.68625
26.5	0.695	179	1.25	0.86875
25.5	-0.305	177	-0.75	0.22875
25.4	-0.405	178	0.25	-0.10125
25.8	-0.005	178	0.25	-0.00125
26	0.195	181	3.25	0.63375
26.5	0.695	177	-0.75	-0.52125

对表 3-32 第 5 列的数据求和，即可得 $\sum_{i=1}^{n} (x_i - \bar{x})(y_i - \bar{y}) = 16.925$。

由上面的计算过程可以看出，使用计算器计算回归分析的系数非常麻烦,下面使用 Excel 计算回归系数。

计算 $\sum\limits_{i=1}^{n}(x_i - \bar{x})^2$。先求出 x(足长)的均值,结果为 25.805。再把每个 x_i 都减去 25.805 得到偏差,对偏差求平方,最后对所有的偏差平方求和。

使用 Excel 步骤如下:

第一,将数据输入 Excel 的两个列中,一列起名为"足长",另一列起名为"身高"。

第二,计算足长的均值。将足长那列的数据选中,利用命令"平均值"求得足长的均值为 25.805。

第三,计算足长的偏差。将第 4 列(D 列)取名为"足长的偏差",求 x_1 的偏差,使用公式" = B2 - 25.805",然后回车得到对应的偏差。再点击偏差的结果那个单元格,右下角出现" + ",一直向下拉,直到最后一个单元格,这样 x_i,$i = 1, 2, 3, \cdots, 20$ 的偏差都算出来了,如图 3-59 ~ 图 3-61 所示。

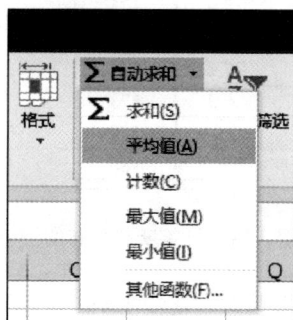

图 3-59 计算均值

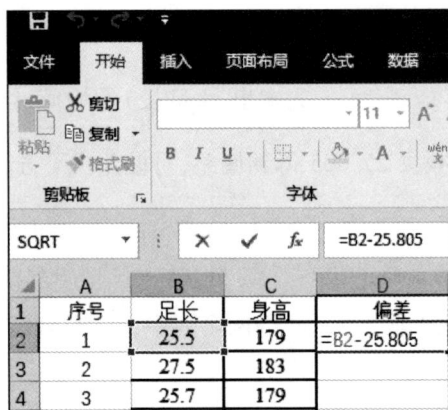

图 3-60　计算第一个足长的偏差

A	B	C	D
序号	足长	身高	偏差
1	25.5	179	-0.305
2	27.5	183	1.695
3	25.7	179	-0.105
4	25	175	-0.805
5	24.8	174	-1.005
6	26.1	175	0.295
7	25.9	176	0.095
8	25	175	-0.805
9	25.4	175	-0.405
10	26.2	178	0.395
11	26	180	0.195
12	25.7	180	-0.105

图 3-61　计算所有足长的偏差

第四，计算偏差的平方。将第五列（D 列）取名为"偏差平方"。在对应第一个足长的偏差的后面的单元格中，输入" = D2 * D2"，回车后得到偏差的平方。按照第三步中描述的方法得到所有足长的偏差平方和,如图 3-62 所示。

图 3-62　求偏差平方和

第五,计算偏差平方和。将第 5 列(D 列)的数据使用命令"自动求和"可以得到偏差平方和。得到关于 x 的偏差平方和为 7.1895。

第六,计算 $\sum_{i=1}^{n} (x_i - \bar{x})(y_i - \bar{y})$ 。求出 x 和 y 的均值,分别为 25.805 和 177.75。再把每个足长 x_i 都减去 25.805 得到 x_i 的偏差,把每个身高 y_i 都减去 177.75,得到 y_i 的偏差,将两者相乘,然后求和,得到结果。

第七,使用 Excel 求身高的偏差的方法同上所述,结果如图 3-63 所示。

第八,两个偏差相乘求和。计算偏差的乘积的命令如图 3-64 所示。

第九,算出所有的偏差的乘积后求和,即可得到和为 16.925,如图 3-65 所示。

序号	足长	身高	足长的偏差	偏差平方	身高的偏差
1	25.5	179	-0.305	0.093025	1.25
2	27.5	183	1.695	2.873025	5.25
3	25.7	179	-0.105	0.011025	1.25
4	25	175	-0.805	0.648025	-2.75
5	24.8	174	-1.005	1.010025	-3.75
6	26.1	175	0.295	0.087025	-2.75
7	25.9	176	0.095	0.009025	-1.75
8	25	175	-0.805	0.648025	-2.75
9	25.4	175	-0.405	0.164025	-2.75
10	26.2	178	0.395	0.156025	0.25
11	26	180	0.195	0.038025	2.25
12	25.7	180	-0.105	0.011025	2.25
13	26.1	176	0.295	0.087025	-1.75

图 3-63　求足长的偏差和身高的偏差

A 序号	B 足长	C 身高	D 足长的偏差	E 偏差平方	F 身高的偏差	G 偏差乘积
1	25.5	179	-0.305	0.093025	1.25	=D2*F2
2	27.5	183	1.695	2.873025	5.25	
3	25.7	179	-0.105	0.011025	1.25	
4	25	175	-0.805	0.648025	-2.75	
5	24.8	174	-1.005	1.010025	-3.75	
6	26.1	175	0.295	0.087025	-2.75	
7	25.9	176	0.095	0.009025	-1.75	
8	25	175	-0.805	0.648025	-2.75	
9	25.4	175	-0.405	0.164025	-2.75	
10	26.2	178	0.395	0.156025	0.25	

图 3-64　求偏差的乘积

序号	足长	身高	足长的偏差	偏差平方	身高的偏差	偏差乘积
1	25.5	179	-0.305	0.093025	1.25	-0.38125
2	27.5	183	1.695	2.873025	5.25	8.89875
3	25.7	179	-0.105	0.011025	1.25	-0.13125
4	25	175	-0.805	0.648025	-2.75	2.21375
5	24.8	174	-1.005	1.010025	-3.75	3.76875
6	26.1	175	0.295	0.087025	-2.75	-0.81125
7	25.9	176	0.095	0.009025	-1.75	-0.16625
8	25	175	-0.805	0.648025	-2.75	2.21375
9	25.4	175	-0.405	0.164025	-2.75	1.11375
10	26.2	178	0.395	0.156025	0.25	0.09875
11	26	180	0.195	0.038025	2.25	0.43875
12	25.7	180	-0.105	0.011025	2.25	-0.23625

图 3-65　求偏差乘积的和

计算回归方程的系数。

$$\hat{a} = \frac{\sum\limits_{i=1}^{20}(x_i - \bar{x})(y_i - \bar{y})}{\sum\limits_{i=1}^{20}(x_i - \bar{x})^2} = \frac{16.925}{7.1895} \approx 2.354128$$

$$\hat{b} = \bar{y} - a\bar{x} = 177.75 - 2.354128 \times 25.805 = 117.0017$$

从而得经验回归方程为 $\hat{y} = 117.0017 + 2.354128x$。

04 给出的足长和身高的关系对吗——对回归效果进行检验

其实只要有 n 对数据，我们就可以根据公式计算出回归方程。那么得到的回归方程到底有没有统计意义呢？也就是说对应的 x 和 y 是不是有线性关系呢？如果有线性关系，我们可以直接使用回归方程进行预测，但是如果没有线性关系，使用回归方程进行预测将毫无意义。所以需要对回归效果进行假设检验。即判断 x 和 y 是否具有线性关系。如果 x 和 y 有线性关系，则 a 一定不为 0。因此原假设为 $H_0 : a = 0$；备择假设为 $H_1 : a \neq 0$。当原假设正确时，x 和 y 不具有线性关系，回归方程无意义。如果备择假设正确，则 x 和 y 具有线性关系，回归方程具有显著性意义，可以使用回归方程进行预测结果。

由前面的假设检验部分的理论内容我们知道,得有统计量才能进行假设检验。

先看身高 y 的偏差平方和，即 $\sum\limits_{i=1}^{n}(y_i - \bar{y})^2$ 表示 y 的每一个取值与其均值的偏差平方和，表征 y 取值的分散程度。即把每一个 y_i 减去均值，再平方，然后相加，如表 3-34 所示。

表3-34 计算总的偏差平方和

身高(厘米)	均值(厘米)	偏差(厘米)	偏差平方
179	177.75	1.25	1.5625
183	177.75	5.25	27.5625
179	177.75	1.25	1.5625
175	177.75	-2.75	7.5625
174	177.75	-3.75	14.0625
175	177.75	-2.75	7.5625
176	177.75	-1.75	3.0625
175	177.75	-2.75	7.5625
175	177.75	-2.75	7.5625
178	177.75	0.25	0.0625
180	177.75	2.25	5.0625
180	177.75	2.25	5.0625
176	177.75	-1.75	3.0625
180	177.75	2.25	5.0625
179	177.75	1.25	1.5625
177	177.75	-0.75	0.5625
178	177.75	0.25	0.0625
178	177.75	0.25	0.0625
181	177.75	3.25	10.5625
177	177.75	-0.75	0.5625

对表3-34的第4列中的数据求和,即得到 x 的偏差平方和 $\sum_{i=1}^{20}(y_i-\bar{y})^2=109.75$。

把身高 y 的偏差平方和 l_{yy} 记为 S_T,则 $S_T=\sum_{i=1}^{n}(y_i-\bar{y})^2$。把这个平方和分解为两个平方和,一个是误差平差和 S_E,另一个是回归平方和 S_R,中间项为0。

$$S_T = \sum_{i=1}^{n} (y_i - \bar{y})^2 = \sum_{i=1}^{n} (y_i - \hat{y}_i + \hat{y}_i - \bar{y})^2 = \sum_{i=1}^{n} (y_i - \hat{y}_i)^2 +$$

$$\sum_{i=1}^{n} (\hat{y}_i - \bar{y})^2 = S_E + S_R$$

其实误差平方和 S_E 是身高的真实值和拟合值之间的误差的平方和,$\hat{y}_i$ 是把所有的足长 x_i 代入上面求出的回归方程中得到的拟合值。而 S_R 表示拟合值与真实的身高的均值的偏差平方和,它越大说明线性回归方程对样本观测值的拟合情况越好。

回归平方和在总的偏差平方和中的比例称为可决系数。可决系数为相关系数的平方,即 $r^2 = \dfrac{S_R}{S_T} = \dfrac{\hat{a}^2 l_{xx}}{l_{yy}} = \dfrac{l_{xy}^2}{l_{xx} l_{yy}}$,可决系数和相关系数是判断回归方程拟合优度的度量。可决系数越大,x 和 y 的线性关系就越强。事实上,使用各种曲线进行数据拟合时,可以使用可决系数 r^2 来判断拟合程度的好坏。可决系数越大,拟合效果越好。

现在来计算相关系数:

$$r = \sqrt{l_{xy}^2 / l_{xx} l_{yy}} = \sqrt{16.925^2 / (7.1895 \times 109.75)} = 0.6025$$

相关系数比较接近于 1,说明足长和身高之间有较强的正相关性(足长越长,身高越高)。原假设不成立,使用线性回归方程拟合效果比较显著。

05　凶手的身高——使用回归方程进行预测

通过前面的讨论,得出的回归方程效果是显著的,因此可以使用该方程进行预测。假设警方在犯罪现场发现杀人凶手留下的脚印长度为 25.6 厘米,而脚长等于鞋子的内长,脚印是鞋子的外长,

所以脚长为 $25.6 - 0.5 = 25.1$ 厘米。代入回归方程得到 $\hat{y} = 117.0017 + 2.354128x = 117.0017 + 2.354128 \times 25.1 \approx 176.09$ 厘米，所以凶手的身高约为 176 厘米。这个结果和使用公式"身高（厘米）= 足长（厘米）× 6.876 得到的结果176.0256相差无几。

06　广告投入和销售收入的关系——衡量线性关系的强弱的相关系数

在实际生产中，商家都希望可以通过合理地投入来获取最大的收益。未来的收益如何是不知道的，但是可以根据以往的数据进行预测。回归分析可以解决这个问题，前提是以往的数据要尽可能多。下面我们看一个案例。

某市 10 家企业的广告投入和销售收入的详细数据如表 3-35 所示。

表 3-35　数据表

企业	广告投入（万元）	销售收入（万元）
1	48	702
2	422	3047
3	251	1762
4	160	753
5	390	1942
6	76	1008
7	24	120
8	580	3627
9	69	827
10	175	1691

　　下面看广告投入和销售收入是否有线性关系。

　　(1)计算相关系数

　　相关系数一般用字母 r 表示。r^2 称为可决系数或者判定系数等;衡量两个变量间曲线相关关系的称为非线性相关系数;衡量多个变量间的线性相关关系的称为复相关系数。

　　如果相关系数为 0,说明 x 和 y 没有线性关系,称为不相关。但是不相关不是没有关系的意思,只是没有线性关系。真正的没有关系使用"独立"这个词来描述。如果相关系数为 1,x 和 y 具有完全正相关,为直线关系,随着 x 的增大,y 也随之增大,如图 3-66(a)所示。如果相关系数为 -1,x 和 y 具有完全负相关,为直线关系,随着 x 的增大,y 随之减少,如图 3-66(b)所示。相关系数的绝对值越接近1,说明线性关系越强。相关系数的绝对值越接近于0,说明线性关系越弱。正相关、负相关、相关性很弱三种情况如图 3-66所示。相关系数取值为 $[-1,1]$。

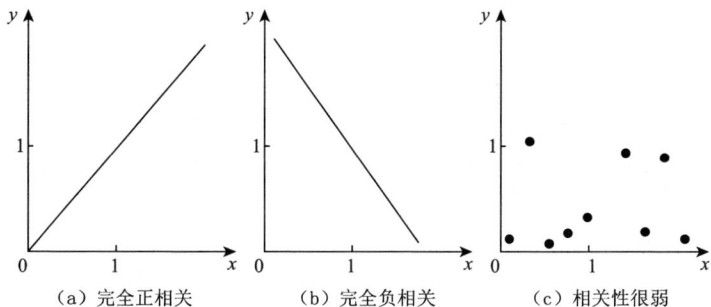

(a) 完全正相关　　　　(b) 完全负相关　　　　(c) 相关性很弱

图 3-66　相关关系

　　相关系数使用公式计算稍微有些麻烦,可以使用 Excel 中的"公式—自动求和"中的"其他函数—选择类别—统计—CORREL"(图 3-67),CORREL 是计算相关系数的命令,为相关系数 Correlation 的前 6 个字母。找到后点击确定，把待计算相关系数的 x 和 y 分别放入 Array1 和 Array2 中，计算结果就出来了，如图 3-68 所示。

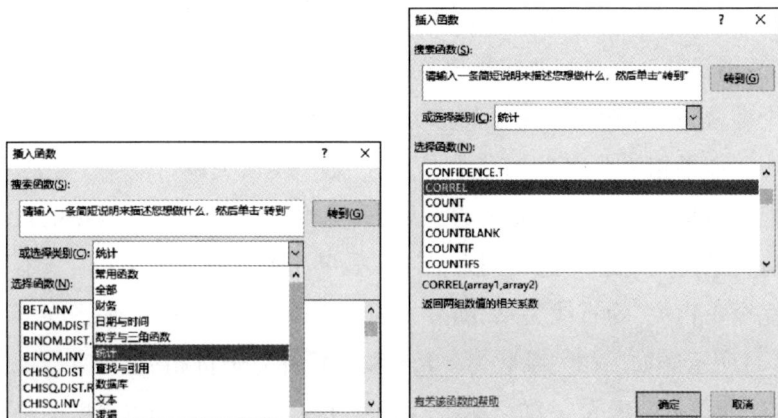

图 3-67　插入函数

可以看出，相关系数为 0.952065259，非常接近于 1，说明广告投入和销售收入具有很强的正相关关系。由广告收入和销售收入的散点图也可以看出这一点，如图 3-69 所示。

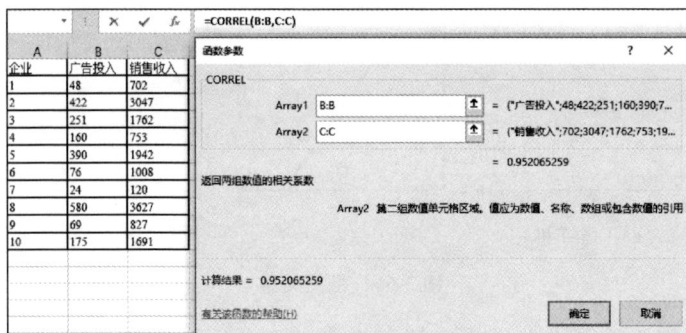

图 3-68　计算相关系数

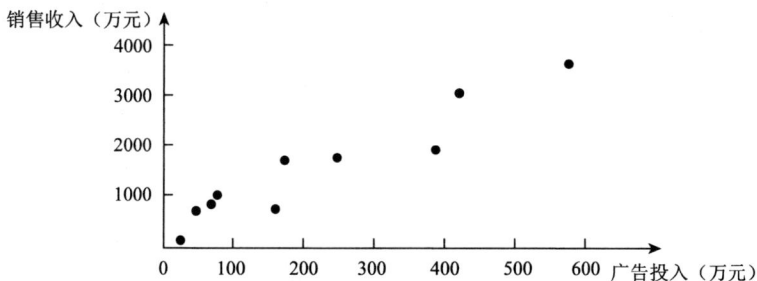

图3-69 广告投入和销售投入的散点图

（2）计算回归系数，给出回归方程

因为只考虑广告投入对销售收入的影响，这属于一元线性回归分析处理的范围。根据前面的公式，回归系数为 $\hat{a} = \sum_{i=1}^{n} (x_i - \bar{x})(y_i - \bar{y}) / \sum_{i=1}^{n} (x_i - \bar{x})^2$，$\hat{b} = \bar{y} - a\bar{x}$，经验回归方程为 $\hat{y} = \hat{b} + \hat{a}x$。

将数据代入计算得 $l_{xy} = \sum_{i=1}^{10} (x_i - \bar{x})(y_i - \bar{y}) = 1778148$，$l_{xx} = \sum_{i=1}^{10} (x_i - \bar{x})^2 = 317424.5$，$\hat{a} = \dfrac{l_{xy}}{l_{xx}} = \dfrac{1778148}{317424.5} \approx 5.601798$，$\hat{b} = \bar{y} - a\bar{x} = 1547.9 - 5.601798 \times 219.5 \approx 318.3053$，从而得经验回归方程为 $\hat{y} = 318.3053 + 5.601798x$。

使用公式计算相关系数为：

$$r = \sqrt{l_{xy}^2 / l_{xx}l_{yy}} = \sqrt{1778148^2 / (317424.5 \times 10989089)} \approx 0.952065259$$

结果与使用 Excel 中的 CORREL 命令完全相同。

从以上分析得出结论：广告投入和销售收入具有正相关的线性关系，随着广告投入的增加，销售收入也会增加。本部分内容只考虑了广告投入对销售收入的影响，为一元线性回归分析。实际上广告的投放渠道,如电视、网络、报纸,还有产品的口碑、商家的售后服务等,在考虑具体的问题时也是需要考虑的,不过这些属于多元线性回归分析的内容。

07　使用 Excel 中的数据分析进行一元线性回归分析

人的血压不是一成不变的,它随着年龄增长而呈升高趋势。所以年龄是血压值变化的一个重要因素。一项调查显示,血压与年龄呈正相关,从 35 岁到 65 岁,收缩压普遍增加 13mmHg,而舒张压随年龄变化的幅度较小。高血压的患病率随年龄增加而上升,60 岁以前男性高血压的患病率普遍高于女性,之后女性的患病率逐渐增高超过男性。

下面考虑年龄和血压的关系。为了观察年龄(x)和血压(y)的关系,测得数据如表 3-36 所示。

表 3-36　年龄和血压的数据

年龄(岁)	13	19	23	26	33	38	42	44
血压(mmHg)	92	96	100	104	105	107	109	115

求 y 对 x 的线性回归方程,并判断回归效果是否显著。

如果觉得前面介绍的过程实在麻烦,但是又需要进行一元线性回归分析,此时可以使用 Excel 中的数据分析中的一元线性回归分析直接输出结果,并不需要了解原理,直接研究结果即可。

进行回归分析前,注意要检验 y 和 x 之间是否有线性关系,如果回归方程设为 $y = ax + b$,提出统计假设:原假设为没有线性关系即 $a = 0$;备择假设为有线性关系,即 $a \neq 0$。

　　将数据分析导入 Excel,点击"数据分析",出现数据分析菜单,选择"回归",点击确定,进入回归分析菜单,如图 3-70 所示。选择"回归"选项,如图 3-71 所示,进入回归分析界面。

图 3-70　数据分析功能

　　将数据放入回归分析的 X 值和 Y 值输入区域,选择置信区间,默认 95%,输出选项中选择新工作表,从新工作表中得到输出结果,如图 3-72 所示。

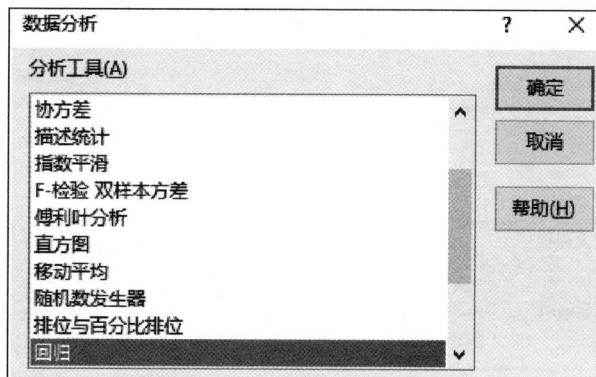

图 3-71　选择回归分析功能

　　输出结果如图 3-73 所示。

　　第一个表(回归统计表):Multiple R 即相关系数为 0.966847,R Square(可决系数 R^2)为 0.934794,校正的 R Square(校正的 R^2)为 0.923926。观测数据一共有 8 对。由相关系数可以看出,年龄和血压是正相关的,而且相关系数接近于 1,两者具有很强的线性关系。

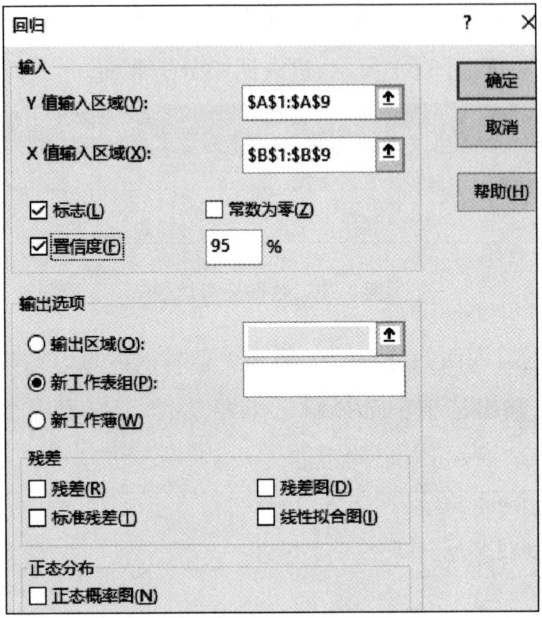

图 3-72 回归分析界面

回归统计	
Multiple R	0.966847
R Square	0.934794
Adjusted R Square	0.923926
标准误差	3.10565
观测值	8

方差分析

	df	SS	MS	F	Significance F
回归分析	1	829.6296	829.6296	86.016	8.88444E-05
残差	6	57.87037	9.645062		
总计	7	887.5			

	Coefficients	标准误差	t Stat	P-value	Lower 95%	Upper 95%
Intercept	-123.583	16.56924	-7.4586	0.0003	-164.1268089	-83.0399
血压	1.481481	0.159737	9.274481	8.88E-05	1.090618149	1.872345

图 3-73 回归分析输出结果

第二个表(方差分析表):由回归分析的输出结果知,回归平方和的自由度(df)为1,回归平方和(SS)为829.6296,均方差为829.6296/1 = 829.6296。

误差平方和(残差)的自由度为6,误差平方和为57.87037,均方差为 57.87037/6 = 9.645062。统计量 F 的值为 829.6296/9.645062 = 86.016,大于临界值 $F_{0.95}(1,6)$ = 5.99(在 Excel 的空白单元格处输入" = F.INV(0.95,1,6)",回车后得到 F 检验的右侧分位数),所以拒绝原假设,认为回归效果显著。另外 Significance F 表示 F 检验的 p 值,为 8.88444×10^{-5},小于 0.05,所以拒绝原假设,认为回归效果显著。

第三个表:回归方程的系数为 a = 1.4814811,b = -123.583,回归方程为 y = 1.4814811x - 123.583。系数 a 和 b 的标准误差分别为 0.159737 和 16.56924。

检验统计量 t 的值为 9.274481,系数 a 的检验 p 值为 8.88×10^{-5},参数 a 和 b 的 95% 的置信区间为 [1.090618, 1.872345] 和 [-164.127, -83.0399]。这个表给出回归方程的系数,并做 t 检验,检验回归效果的显著性,给出两个系数的 95% 的置信区间。

08 由沙漠中的植物覆盖面积能否推断出其中的野生动物数量

2020 年全国高考的数学理科 II 卷第 18 题,题目如下:

某沙漠地区经过治理,生态系统得到很大的改善,野生动物数量有所增加。为调查该地区某种野生动物的数量,将其分成面积相近的 200 个地块，从这些地块中用简单随机抽样的方法抽取 20 个作为样区，调查得到 20 对样本数据 (x_i, y_i)，$i = 1, 2, \cdots, 20$，其中 x_i 表示第 i 个地区的植物覆盖面积（单位：公顷），y_i 表示这种野生动物的数量（只），并计算得：

$$\sum_{i=1}^{20} x_i = 60, \sum_{i=1}^{20} y_i = 1200, \sum_{i=1}^{20} (x_i - \bar{x})^2 = 80, \sum_{i=1}^{20} (y_i - \bar{y})^2 = 9000, \sum_{i=1}^{20} (y_i - \bar{y})(x_i - \bar{x}) = 800$$

①求该地区这种野生动物数量的估计值（这种野生动物数量的估计值等于样区这种野生动物数量的平均数除以地块数）。

②求 (x_i, y_i)，$i = 1, 2, \cdots, 20$ 的相关系数。

③根据现有统计资料，各地块间植物覆盖面积差异很大，为提高样本的代表性，以获得该地区这种野生动物数量更准确的估计，请给出一种你认为更合理的抽样方法，并说明理由。

这道题考察的是相关系数，由于题目没给出原始数据，没办法画出散点图，但是可以直接求出回归方程。

由 $\sum_{i=1}^{20} x_i = 60$，可以求出 $\bar{x} = 60/20 = 3$。由 $\sum_{i=1}^{20} y_i = 1200$，可以求出 $\bar{y} = 1200/20 = 60$。已知 $l_{xx} = \sum_{i=1}^{20} (x_i - \bar{x})^2 = 80$，$l_{yy} = \sum_{i=1}^{20} (y_i - \bar{y})^2 = 9000$，$l_{xy} = \sum_{i=1}^{20} (y_i - \bar{y})(x_i - \bar{x}) = 800$，可求出回归方程的系数分别为 $a = l_{xy}/l_{xx} = 800/80 = 10$，$b = \bar{y} - a\bar{x} = 60 - 10 \times 3 = 30$。因此回归方程为 $y = ax + b = 10x + 30$。回归方程求出来后，再研究回归效果是否显著，也就是植物覆盖面积和野生动物数量是否具有线性关系。根据公式计算相关系数：

$$r = \sqrt{l_{xy}^2 / l_{xx} l_{yy}} = \sqrt{800^2 / (80 \times 9000)} = 0.9428$$

相关系数非常接近于 1,认为植物覆盖面积和野生动物数量具有高度的正相关性,即植物覆盖面积越大,这种野生动物数量越高。

这种抽样方法有些问题。为调查该地区这种野生动物的数量,将其分成面积相近的 200 个地块,从这些地块中用简单随机抽样的方法抽取 20 个作为样区,这种抽样方法貌似公平,但是不太合理。因为即使地块面积相近,地块上的植物覆盖面积也可能相差很大,很有可能有的地块覆盖面积非常小,当然这个地块上的这种野生动物数量也会很少,甚至可能没有这种野生动物。所以得换一种抽样方法。

除了简单随机抽样外,抽样方法还有分层抽样方法。比如,利用足长推断身高时,我们做调查研究。先把成年人分成两类:男性和女性。然后从男性中进行简单随机抽样,得到相关数据。再从女性中进行简单随机抽样,得到相关数据。前面我们使用的数据均是成年男性的。这种抽样方法称为分层抽样。若进行白酒喜爱度调查,也应该区分男性和女性分别进行抽样。因为毕竟男性爱喝白酒的多,而女性相对来说爱喝白酒的会少一些。

有了上面的分析,可以回答问题了:

①求的是这种野生动物数量的估计值。此时 20 个样区的均值为 60,根据矩估计,用样本的样本均值(一阶原点矩)估计总体的期望(一阶原点矩),所以该地区这种野生动物平均数量的估计值为 60,点数的估计值为 $60 \times 200 = 12000$。

②相关系数为 0.9428,线性回归方程效果显著,植物覆盖面积和野生动物数量具有高度的正相关性。

③应该采取分层抽样的方法,按照植物覆盖面积的大小对地

块进行分层,植物覆盖面积相近的分为一层,假设分了 10 层。即 200 个地区分了 10 层。针对每一层的地区,从中抽出 2 个地区进行数据采集,最终还是得到 20 个地区。使用分层抽样得到的数据具有代表性。抽取的样本数据具有代表性非常重要,因为数理统计就是以部分推断总体。如果抽取的样本数据不具有代表性,那么由这些数据得到的结论就不符合总体的特点。

第六部分 聚类分析

01 学生的学习成绩与学习态度——最短距离的聚类分析

根据一般的生活经验,学习态度会影响学生的学习成绩。学习态度积极的学生更自觉、主动,而学习态度消极的学生,需要老师更多的帮助。根据学生不同的学习态度进行聚类分析,可以帮助老师更好地分配时间和精力,针对不同学生采用不同的教学策略,从而做到因材施教。

我们随机抽取了 5 名学生,对他们的学习成绩(x)和学习态度(y)进行 9 点评分(1 分表示学习成绩非常差/学习态度非常消极,9 分表示学习成绩非常好/学习态度非常积极),数据如表 3-37 所示。

表 3-37 数据表

序号	1	2	3	4	5
成绩	9	4	2	9	1
态度	7	7	4	9	1

使用聚类分析的方法对这 5 个学生进行分类。

我们使用最短距离方法,即把距离最短的两个距为一类。把这 5 名学生看作五类,求这五个类之间的距离。用 x 表示学生的学习成绩,y 表示学生的学习态度,则计算第 i 类和第 j 类之间距离的公式为 $d = \sqrt{(x_j - x_i)^2 + (y_j - y_i)^2}$。

五类分别为第 1 类 $G_1 = \{1\}$,第 2 类 $G_2 = \{2\}$,第 3 类 $G_3 =$

{3}，第 4 类 $G_4 = \{4\}$，第 5 类 $G_5 = \{5\}$。

首先求出五个类的距离矩阵 $D(0)$。五类的距离计算如下（d_{ij} 表示第 i 类和第 j 类的距离）：

$$d_{12} = \sqrt{(4-9)^2 + (7-7)^2} = 5$$

$$d_{13} = \sqrt{(2-9)^2 + (4-7)^2} = \sqrt{58}$$

$$d_{14} = \sqrt{(9-9)^2 + (9-7)^2} = 2$$

$$d_{15} = \sqrt{(1-9)^2 + (1-7)^2} = 10$$

$$d_{23} = \sqrt{(2-4)^2 + (4-7)^2} = \sqrt{13}$$

$$d_{24} = \sqrt{(9-4)^2 + (9-7)^2} = \sqrt{29}$$

$$d_{25} = \sqrt{(1-4)^2 + (1-7)^2} = \sqrt{45}$$

$$d_{34} = \sqrt{(9-2)^2 + (9-4)^2} = \sqrt{74}$$

$$d_{35} = \sqrt{(1-2)^2 + (1-4)^2} = \sqrt{10}$$

$$d_{45} = \sqrt{(1-9)^2 + (1-9)^2} = \sqrt{128}$$

写出距离矩阵 $D(0)$ 如下。

	G_1	G_2	G_3	G_4	G_5
G_1	0	5	$\sqrt{58}$	2	10
G_2	5	0	$\sqrt{13}$	$\sqrt{29}$	$\sqrt{45}$
G_3	$\sqrt{58}$	$\sqrt{13}$	0	$\sqrt{74}$	$\sqrt{10}$
G_4	2	$\sqrt{29}$	$\sqrt{74}$	0	$\sqrt{128}$
G_5	10	$\sqrt{45}$	$\sqrt{10}$	$\sqrt{128}$	0

查找距离矩阵 $D(0)$ 中非零元素中的最小元素，这就是最短距离，为 $d_{14} = 2$，即第一类和第四类的距离最近，将第一类和第四类合

并,得到新类 $G_6 = G_1 \cup G_4 = \{1,4\}$,计算与其他类的距离,得距离矩阵 $D(1)$。

$$d_{26} = \min\{d_{12}, d_{24}\} = 5$$

$$d_{36} = \min\{d_{13}, d_{34}\} = \sqrt{58}$$

$$d_{56} = \min\{d_{15}, d_{45}\} = 10$$

写出距离矩阵 $D(1)$ 如下。

	G_2	G_3	G_5	G_6
G_2	0	$\sqrt{13}$	$\sqrt{45}$	5
G_3	$\sqrt{13}$	0	$\sqrt{10}$	$\sqrt{58}$
G_5	$\sqrt{45}$	$\sqrt{10}$	0	10
G_6	5	$\sqrt{58}$	10	0

查找距离矩阵 $D(1)$ 中非零元素中的最小元素,这就是最短距离,为 $d_{35} = \sqrt{10}$,即第三类和第五类的距离最近,将第三类和第五类合并,得到新类 $G_7 = G_3 \cup G_5 = \{3,5\}$,计算与其他类的距离。

$$d_{27} = \min\{d_{23}, d_{25}\} = \sqrt{13}$$

$$d_{67} = \min\{d_{36}, d_{56}\} = \sqrt{58}$$

写出距离矩阵 $D(2)$ 如下。

	G_2	G_6	G_7
G_2	0	5	$\sqrt{13}$
G_6	5	0	$\sqrt{58}$
G_7	$\sqrt{13}$	$\sqrt{58}$	0

查找距离矩阵 $D(2)$ 中非零元素中的最小距离,这就是最短距离,为 $d_{27} = \sqrt{13}$,则将相应的两类 G_2 和 G_7 合并成一类,合并成新类

$$G_8 = G_2 \cup G_7 = \{2,3,5\}。$$

$$d_{68} = \min\{d_{26}, d_{67}\} = 5$$

写出距离矩阵 $D(3)$ 如下。

	G_6	G_8
G_6	0	5
G_8	5	0

$$G_9 = G_6 \cup G_8 = \{1,2,3,4,5\}$$

画出聚类图如图 3-73 所示。

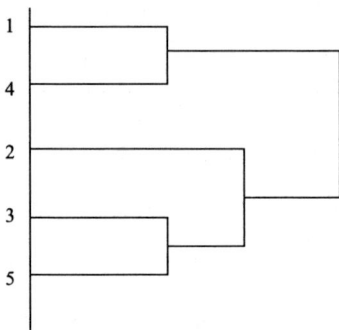

图 3-73　聚类分析图

　　如果将 5 个学生分为两类,则 1 号和 4 号学生为一类,这是学习态度好,学习成绩优异的学生。2 号、3 号和 5 号学生为一类,这是学习态度不太好,学习成绩一般的学生。

　　如果将 5 个学生分为三类,则 1 号和 4 号学生为一类,这是学习态度好,学习成绩优异的学生。3 号和 5 号学生为一类,这是学习态度不好,学习成绩也不好的学生。2 号学生为一类,他的学习态度不错,但是成绩一般,可能是因为没有找到适合自己的学习方法。

02 电视剧的分类——最长距离的聚类分析

小明观看了 5 部电视剧,发现有的电视剧中内插的广告特别多,有的电视剧请的当红的明星比较多。为了将这 5 部电视剧分类,统计 5 个电视剧中每集内插的广告个数和请的当红明星的人数。统计出 5 个数据如表 3-37 所示,请用最长距离的聚类分析的方法将其分类。

表 3-37 数据表

序号	1	2	3	4	5
内插的广告数(条)	1	1	1	10	10
明星数(个)	2	4	0	2	0

最长距离法是将类与类之间的距离定义为两类中距离最远的样品之间的距离,合并类时步骤和最短距离法相同。

用 x 表示内插的广告数,y 表示明星数,则第 i 类和第 j 类之间距离的公式为 $d = \sqrt{(x_j - x_i)^2 + (y_j - y_i)^2}$。

五类分别为第 1 类 $G_1 = \{1\}$,第 2 类 $G_2 = \{2\}$,第 3 类 $G_3 = \{3\}$,第 4 类 $G_4 = \{4\}$,第 5 类 $G_5 = \{5\}$。

首先求出五个类的距离矩阵 $D(0)$。五类的距离计算如下(d_{ij} 表示第 i 类和第 j 类的距离):

$$d_{12} = \sqrt{(1-1)^2 + (4-2)^2} = 2$$

$$d_{13} = \sqrt{(1-1)^2 + (0-2)^2} = 2$$

$$d_{14} = \sqrt{(10-1)^2 + (2-2)^2} = 9$$

$$d_{15} = \sqrt{(10-1)^2 + (0-2)^2} = \sqrt{85}$$

$$d_{23} = \sqrt{(1-1)^2 + (0-4)^2} = 4$$

$$d_{24} = \sqrt{(10-1)^2 + (2-4)^2} = \sqrt{85}$$

$$d_{25} = \sqrt{(10-1)^2 + (0-4)^2} = \sqrt{97}$$

$$d_{34} = \sqrt{(10-1)^2 + (2-0)^2} = \sqrt{85}$$

$$d_{35} = \sqrt{(10-1)^2 + (0-0)^2} = 9$$

$$d_{45} = \sqrt{(10-10)^2 + (0-2)^2} = 2$$

写出距离矩阵 $D(0)$ 如下。

	G_1	G_2	G_3	G_4	G_5
G_1	0	2	2	9	$\sqrt{85}$
G_2	2	0	4	$\sqrt{85}$	$\sqrt{97}$
G_3	2	4	0	$\sqrt{85}$	9
G_4	9	$\sqrt{85}$	$\sqrt{85}$	0	2
G_5	$\sqrt{85}$	$\sqrt{97}$	9	2	0

查找距离矩阵 $D(0)$ 中非零元素中的最小元素，这就是最短距离，为 $d_{12} = 2$，即第一类和第二类的距离最近，将第一类和第二类合并，得到新类 $G_6 = G_1 \cup G_2 = \{1, 2\}$，计算与其他类的距离。

$$d_{36} = \max\{d_{13}, d_{23}\} = 4$$

$$d_{46} = \max\{d_{14}, d_{24}\} = \sqrt{85}$$

$$d_{56} = \max\{d_{15}, d_{25}\} = \sqrt{97}$$

写出距离矩阵 $D(1)$ 如下。

	G_3	G_4	G_5	G_6
G_3	0	$\sqrt{85}$	9	4
G_4	$\sqrt{85}$	0	2	$\sqrt{85}$
G_5	9	2	0	$\sqrt{97}$
G_6	4	$\sqrt{85}$	$\sqrt{97}$	0

查找距离矩阵 $D(1)$ 中非零元素中的最小元素,这就是最短距离,为 $d_{45}=2$,即第四类和第五类的距离最近,将第四类和第五类合并,得到新类 $G_7=G_4 \cup G_5=\{4,5\}$,计算与其他类的距离。

$$d_{37}=\max\{d_{34},d_{35}\}=\sqrt{85}$$

$$d_{67}=\max\{d_{46},d_{56}\}=\sqrt{97}$$

写出距离矩阵 $D(2)$ 如下。

	G_3	G_6	G_7
G_3	0	4	$\sqrt{85}$
G_6	4	0	$\sqrt{97}$
G_7	$\sqrt{85}$	$\sqrt{97}$	0

查找距离矩阵 $D(2)$ 中非零元素中的最小元素,这就是最短距离,为 $d_{36}=4$,则将相应的两类 G_3 和 G_6 合并成一类,合并成新类 $G_8=G_3 \cup G_6=\{1,2,3\}$。

$$d_{78}=\max\{d_{37},d_{67}\}=\sqrt{97}$$

写出距离矩阵 $D(3)$ 如下。

	G_6	G_8
G_6	0	$\sqrt{97}$
G_8	$\sqrt{97}$	0

$G_9 = G_7 \cup G_8 = \{1,2,3,4,5\}$。画出聚类图如图 3-74 所示。

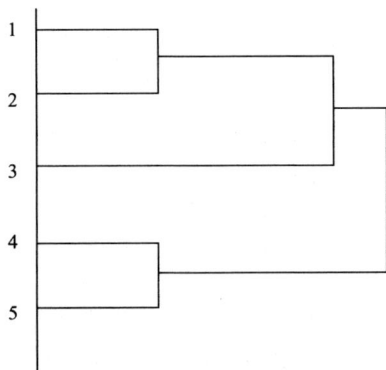

图 3-74 聚类分析表

如果将 5 部电视剧分为两类,则 1 号、2 号和 3 号为一类,它们的第一个特征都是 1,即内插的广告个数很少。4 号和 5 号为一类,它们的第一个特征都是 10,内插的广告个数很多。

如果将 5 个电视剧分为三类,则 1 号和 2 号为一类,第一个特征都是 1,且第二个特征较小,但是大于 0,即内插的广告个数很少,但是邀请了当红的明星。3 号单独为一类,第一个特征为 1,第二个特征为 0,内插的广告个数很少,且没有邀请当红的明星。4 号和 5 号为一类,它们的第一个特征为 10,第二个特征较小,内插的广告个数很多。